태재대학교가 출범한 지 일 년을 맞고 있습니다.
21세기 대학교육의 혁신적인 변화를 선도하는
글로벌 대학이 되기 위해 많은 분들의 수고와 땀이
모아져 신선한 새출발의 첫걸음을 힘차게 내딛을
수 있었습니다. AI 시대를 맞아 인류의 문명사가
대전환의 길을 걷기 시작한 때 우리가 꿈꾸는 대학의
모습을 태재대학교를 통해 실현해 보고자 합니다.
미약한 시작이지만 세계 대학교육의 미래를 획기적으로
바꿀 수 있는 모델을 우리가 제시해 보고자 합니다.
The Next Answer.
태재대학교의 꿈이 여기 담겨 있습니다.
고맙습니다.

태재대학교 총장 염재호 드림

우리가 꿈꾸는 대학, 태재

우리가 꿈꾸는 대학

태재

염재호 지음

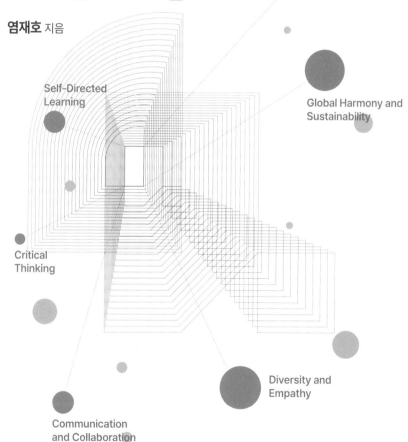

Creative
Thinking

Global Harmony and
Sustainability

Self-Directed
Learning

Critical
Thinking

Diversity and
Empathy

Communication
and Collaboration

들어가는 말

변화를 마주할
준비가 되어있나요?

우리에게 대학은 어떤 곳일까요? 유치원, 아니 그 이전부터 부모들이 온 정성을 기울여 자녀들을 보내길 원하는 흔히 명문대학은 우리에게 도대체 어떤 의미일까요? 소위 SKY대학이라고 하는 일류대학만 나오면 우리의 삶은 완벽해질까요? 과연 이런 대학의 졸업장이 인생의 행복이나 성공을 가져다줄까요? 그동안 우리 사회를 이끌어왔던 일류대학의 교육이 21세기에도 유효한 교육인지 심각하게 고민하면서 우리는 변화된 교육을 꿈꾸게 되었습니다. 빠르게 변하는 21세기에도 일류대학의 졸업장만이 성공의 지름길인지, 또한 우리가 21세기 미래를 살아가는 데 꼭 필요한 대학은 어떤 곳인지 치열하게 고민했습니다.

1088년 이탈리아 볼로냐대학이 세계 최초의 근대 대학으로 출범한 이후 세계의 많은 대학에서 고등교육이 이루어지고 있습니다. 근대화 이후에는 고도화된 지식을 얻어야만 전문 직업을 가질 수 있었기 때문에 대부분의 국가에서 고등교육에 대한 수요가 늘어난 것입니다. 또한, 그런 교육의 목마름이 산업혁명과 교육의 대중화를 불러왔습니다.

유네스코의 통계에 의하면 2020년 전 세계 2억 3,500만 명의 학생이 대학을 다녔다고 합니다. 이는 대학생이 1억 명에 불과하던 20년 전의 수치에 비해 두 배가 넘게 증가한 것입니다. 대학의 숫자도 2018년 기준, 10여 년 전에 비해 약 52%가 증가한 총 8만 8,071개의 대학이 운영되고 있습니다.

특히 아시아, 그 가운데서도 인도 대학의 증가 수치는 놀랄 만합니다. 유네스코 통계에 의하면 인도에서만 2006년에서 2018년 사이에 2만 2,249개의 대학이 새로 생겨서 그 기간 동안 전 세계 고등교육기관 증가분의 74%를 차지하고 있습니다. 1960년대 고도경제성장 과정에서 대학에 대한 수요가 급격히 증가했던 우리나라처럼 신흥 발전도상국에서 고등교육에 대한 수요는 엄청난 속도로 늘어나고 있습니다.

우리나라 고등교육 통계를 보면 2023년에 190개(일반대, 교육대, 전문대 포함)의 대학에 약 186만 명 정도의 학생이 재학 중입니다. 전문대학은 133개로 약 51만 명의 학생이 재학하고 있으며, 대학원은 1,177개로 34만 명이 재학하는 것으로 나와 있습니다.

1972년 우리나라 대학은 69개뿐이었고, 1979년 대학 재학생 숫자가 27만 명에 불과했던 것에 비교하면 엄청난 증가 폭입니다. 40여 년 만에 대학 숫자는 3배 가까이 늘었고 학생 수는 7배가량 늘어난 것으로 볼 수 있습니다.

2023년도 고등교육통계를 보면 대학 졸업생인 학사학위 취득자는 46만 6,947명, 석사학위 취득자는 8만 3,680명, 박사학위 취득자는 1만 7,673명에 달합니다. 대학 학사 졸업자(일반대학 기준)의 비율로 보면 석사학위자는 대학 학사 졸업자 전체 숫자의 17.9%나 되고, 박사학위자는 3.8%나 됩니다. 1980년대 초에 우리나라에서 박사학위를 가진 사람이 약 1,000명 정도라고 알려져 있는데 이와 비교하면 엄청난 변화라고 할 수 있습니다. 이제는 전문성을 위해서 단순히 대학 졸업뿐 아니라 석사나 박사학위를 필요로 하는 시대로 접어들었습니다.

문제는, 대학에 대한 우리의 인식은 20세기와 전혀 달라지지 않고 있다는 데 있습니다. 일류대학 진학을 위한 치열한 입시 경쟁, 인기 전공에 대한 쏠림현상, 학부와 대학원의 학과 중심 운영, 수능과 같은 정량적 성적만으로 우열을 가르는 줄 세우기식 입학 선발 방식, 대형 강의실에서 일방적으로 지식을 전달하는 수업방식, 중간고사와 기말고사를 통한 암기 위주의 평가방식, 출석을 평가에 반영하는 방식 등은 50여 년 전 대학 교육의 방식과 크게 달라진 것이 없습니다. 현대의 조직이나 시스템은 빠르게 변화하고 있는데 우리는 일류대학 졸업장에 매달려 여전히 기존 대학 교육의 틀에 안주하고 있습니다.

외국에서도 QS나 THE 등과 같은 대학평가 기관의 대학 서열화로 대학 간의 수월성 경쟁이 심화되고 있습니다. 또한 수월성 경쟁을 하는 과정에서 학생들과 학부모들의 관심을 끌기 위한 과도한 캠퍼스 설비투자로 등록금이 매우 빠르게 상승하는 현상도 일어나고 있습니다. 월스트리트저널에 의하면 코로나 팬데믹 이후에 미국의 대학진학률이 급격하게 감소하고 있다고 합니다. 대학 등록금이 지난 20년 동안 매년 7% 가까이 상승해서 거의 두 배 이상 인상된 탓입니다. 더구나 중산층 소득은 늘지 않아서 과도한 대학 등록금으로 인해 대학 진학을 기피한다는 것입니다. 비싼 등록금을 내는 4년제 대학보다는 취업이 잘되는 2년제 커뮤니티 칼리지나 기술대학에 진학하는 학생들의 숫자가 늘어나는 것은 이러한 원인이 반영된 결과일 것입니다.

  조금 더 구체적으로 보면 최근 1년에 10만 불에 육박하는 미국 유명 사립대학의 등록금은 학부모나 학생들에게 심각한 부담이 되고 있습니다. 2023년에 실시된 월스트리트저널과 시카고대학의 공동 조사에 따르면 미국인 56%가 4년제 대학에 진학하는 것은 좋은 투자가 아니라고 생각하고 있다고 합니다. 2013년 조사에서는 40%, 2017년 조사에서는 47%가 대학 진학의 효과를 부정적으로 평가한 것과 더불어 대학에 대한 신뢰가 급격히 낮아진 것을 알 수 있습니다. 이처럼 비싼 대학 등록금의 급등과 신뢰 감소는 대학들이 체육관, 도서관, 강당 등 캠퍼스 건물, 스포츠팀 운영 등에 지나친 투자를 하는 과정에서 등록금 인상이 불가피해졌기 때문이라고 합니다.

하지만 이런 현상들이 원래 대학이 추구해야 할 가치를 훼손시킨다는 자성의 목소리도 크게 들리고 있습니다. 미국 하버드 대학 학장을 역임한 해리 루이스 *Harry R. Lewis* 교수의 저서 『영혼 없는 수월성 *Excellence Without a Soul* 』을 보면 대학이 추구해야 할 교육의 본질을 잃어버린 채 무의미한 수월성 경쟁에 빠져 있다고 비판하고 있습니다. 이는 고등교육의 학문 자본주의 *Academic Capitalism* 를 비판하는 목소리에서도 잘 드러나는 부분입니다.

더 나아가 21세기 대학 교육의 내용과 방식은 새롭게 변화해야 하는데 이런 변화를 수용하지 못하고 안주하는 현실이 매우 안타깝기도 합니다. 미국에서는 MIT Media Lab이나 스탠퍼드의 D-School과 같이 기존 대학에서 새로운 학부나 프로그램들을 신설하기도 하고 미네르바대학, 싱귤래리티대학, 올린공대와 같은 새로운 대학들이 나타나기도 합니다. 애리조나주립대학은 마이클 크로우 *Michael Crow* 총장을 중심으로 기존의 교육 프로그램을 과감하게 개혁하여 지난 20여 년 동안 가장 혁신적인 행보를 보여주고 있습니다.

이제 21세기 AI 시대로 진입하면서 우리의 대학은 어떤 방식으로 변화해야 할까를 심각하게 고민해야 합니다. 아니, 고민만 할 때가 아니라, 변화하여야 합니다. 그렇다면, 과연 우리가 바라고 꿈꾸는 대학은 어떤 모습일까요? 이제 태재대학교가 20세기의 대학 교육과는 다른 21세기 우리 미래세대가 누릴 교육의 해답을 찾고자 합니다.

모두가 동의한다면
그것은
혁신이 아닙니다.

차례

왜
달라져야
하나?

1

뒤따라 가지 않고
길을 만들어내는 대학

20세기 교육을 딛고
새로운 미래를 향하여

우리가 사는 21세기 오늘의 상황을 문명사적 대전환기라고 합니다. 이런 대전환기를 지나 21세기 중반쯤 가면 인류가 지금까지 경험하지 못했던 획기적인 변화를 맞이하게 될 것이라고 예견합니다. 실리콘밸리에서 첨단사업가로 성공한 레이 커즈와일 *Ray Kurzweil* 은 21세기 중반에 인류는 하나의 특이점 *singularity* 을 맞게 된다고 벌써 10여 년 전에 예언했습니다.

그의 책 『특이점이 온다 *Singularity is Near* 』에서는 앞으로 약 20년 후가 되는 2045년 정도가 되면 컴퓨터로 인해 지식이 급속하게 확대 재생산되어 특이점을 통과하게 된다고 합니다. 그렇게 되면 특이점을 통과한 시기부터 인류의 지식은 이전과는 전혀 다른 차원으로 증폭되기 때문에 지금 인류와는 전혀 다른 신인류가 출현하게 된다고 말하고 있습니다. 새로운 인류는 7만 년 전 네안데르탈인과 현 인류의 차이보다 더 큰 차이로 전혀 다른 인류가 나타나게 될 것이라고 합니다. 최근 비약적인 발전을 이룬 AI 기술은 문명사의 대전환을 예고하며 인류의 피할 수 없는 미래를 현실화시키고 있습니다. 2022년 11월 미국의 OpenAI에서 개발한 ChatGPT3.5에 전 세계가 놀랐습니다. 이제 ChatGPT3.5는 5개월 만인 2023년 3월에 사진이나 그림도 인식하는 ChatGPT4로 진화했습니다.

ChatGPT는 우리가 궁금해하는 질문들에 대해 단 몇 초 만에 답을 해주고, 원하는 노래의 가사나 시를 지어내기도 합니다. 자기 생성형 인공지능이기 때문에 스스로 판단하고 알아서 우리가 원하는 답을 말해줍니다. 이제는 인공지능이 스포츠 뉴스 기사를 작성하고 음악을 작곡하거나 그림을 그리기도 하는 탓에, 2016년 이세돌과 알파고의 바둑 대국 이야기는 벌써 오래전 이야기처럼 되어버린 듯합니다.

2007년 스티브 잡스가 애플에서 스마트폰을 선보인 지 20년도 되지 않아 우리 일상생활의 10% 이상은 스마트폰이 차지하고 있습니다. 이젠 스마트폰 없이 외출하면 사람들은 하루 종일 불안해합니다. 전화번호 한두 개도 외우기 어려울 정도로 우리는 스마트폰에 일상을 맡기고 있습니다. 이제 스마트폰은 우리 몸의 일부가 되어버린 셈입니다. 레이 커즈와일이 예견한 특이점이 도래하면 우리는 삶의 50% 이상이 다양한 스마트 기기가 내재화된 생활을 한다고 합니다. 그렇게 되면 지금 우리가 경험해온 것과는 상상할 수 없을 정도로 인류의 삶은 변화할 것입니다.

『사피엔스 Sapiens 』라는 책을 통해 인류문명의 지난 역사를 잘 설명해서 베스트셀러 작가가 된 이스라엘 히브리대학의 유발 하라리 Yuval N. Harari 교수도 이런 생각에 공감합니다. 그의 책『호모 데우스 Homo Deus 』에서는 이제 인간이 신의 경지에 이를 것으로 예견하고 있습니다. 인간이 데이터교를 신봉하면서 데이터가 만들어낸 인공지능의 세계에 빠져든다는 것입니다. 20세기 후반 모든 현상을 0과 1의 데이터로 치환하여 만들어내고 있는 인류문명은 컴퓨터와 정보통신의 결합으로 더욱 빠르게 변화하고 있습니다. 이전에는 상상할 수 없을 정도의 빠른 속도로 인류의 지성은 진화하고 있습니다. 이것은 디지털 혁명에 의해 빅데이터와 인공지능이 확산되면서 사회를 속속들이 변화시키기 때문에 나타나는 현상입니다. 이런 변화는 돌이킬 수 없고 그 속도는 이전 역사의 발전 속도와는 비교할 수 없을 정도로 빠릅니다. 이처럼 빠른 변화 속도 때문에 지금 우리는 불확실하고 모호한 시대에 살고 있습니다.

기업에서도 이런 변화를 가리켜 요즘 시대를 뷰카 *VUCA*의 시대라고 합니다. 즉 급변하고 *Volatile*, 불확실하고 *Uncertain*, 복잡하고 *Complex*, 모호한 *Ambiguous* 시대라는 것입니다. 변화의 속도는 너무 빠르게 진행되고 있지만 우리는 속도감을 별로 느끼지 못합니다. 너무 당연한 것처럼 여기는 해외여행도 우리나라의 경우는 여행자유화가 시작된 지 40년 정도밖에 되지 않았고 비행기가 상용화된 것도 60여 년에 불과합니다. 특히 지난 60여 년간 전 세계 경제가 평균 6배 정도 성장한 것에 비해 우리 경제는 400배 이상 빠르게 성장했기 때문에 이런 속도를 당연한 것으로 생각할지도 모르겠습니다. 이런 급격히 변화된 환경 속에 살고 있는 우리 아이들은 지식을 받아들이는 속도나 방법 그리고 체계가 우리가 배웠던 방식과는 근본적으로 다릅니다.

쉬운 예로, 우리 부모 세대는 주판으로 계산하였고, 우리 세대는 전자계산기 내지는 컴퓨터로, 우리 아이들은 데이터베이스로 계산이 체계화되어 있습니다. 그럼에도, 우리는 불확실한 미래를 살고 있음을 부정할 수 없습니다. 러시아가 우크라이나를 침공할지 몰랐고, 하마스가 이스라엘 민간인을 대상으로 테러를 감행해서 이스라엘과 팔레스타인이 전쟁에 휩싸일 형국도 몰랐습니다. 군사력에서 비교가 안 될 정도로 열세인 하마스가 철통 같은 방어 시스템을 갖춘 이스라엘을 기습 공격하여 전쟁을 일으키리라고 생각하지 못했습니다. 위성 시스템을 통해 하마스의 군사 이동을 낱낱이 파악하고 있던 이스라엘의 정보당국도 지하 땅굴에서 벌어지는 하마스의 전략을 파악하지 못한 것입니다.

중국과 대만의 갈등이 첨예하게 대립하면서 중국은 미국의 대만 보호를 못마땅하게 여기고 남중국해 등에서 미국과 중국이 군사적으로 힘겨루기를 하는 것을 종종 목격할 수 있습니다. 이런 갈등이 어떻게 발전될지 아무도 모릅니다. 하마스가 6천 발의 미사일로 이스라엘이 자랑하던 아이언돔을 무력화시켰듯이 북한이 시간당 최대 1만 6천 발의 장사정포를 수도권에 발사하게 되면 어떤 결과가 나타날지 예견하기 어렵습니다. 더구나 북한의 핵무기 개발로 인한 동북아 정세도 불확실한 미래를 보여주고 있습니다.

최근 3년 여간 온 인류의 삶을 지속 가능하지 못하게 만들고 사람들 간의 관계를 단절시킨 코로나 바이러스의 확산은 전혀 예견하지 못한 21세기 최대의 충격이었습니다. 코로나 바이러스의 영향으로 사람들 간에 비대면 일상을 인류가 최초로 받아들이기 시작했습니다. 재택근무와 같이 직장을 떠나서도 생활이 가능한 근대화 이전의 세계로 회귀하는 삶을 맛보기도 했습니다.

줌 *Zoom*이라는 비디오 컨퍼런스 도구를 활용해 화면으로 서로 만나고 회의도 하는 비디오 상의 일상을 자연스럽게 받아들이게 되었습니다. 학교의 강의도 비디오를 통해서 실시간으로 교사와 학생이 만나는 것으로 진행되었습니다. 원격 교육이나 원격 의료가 그리 낯선 미래가 아닌 것처럼 보입니다.

　코로나 사태 이후로 단순히 일상의 삶이 변화된 것뿐 아니라 지정학적 위기가 고조되는 양상으로 확산되기도 합니다. 코로나로 자국의 문을 걸어 잠그고 봉쇄하는 조치가 나타나면서 신자유주의 글로벌리즘이 급격히 위축되는 현상이 나타나고 있습니다. 코로나 팬데믹에서 나타난 빠른 바이러스의 전파가 글로벌리즘의 확산 때문이라고 믿는 사람들도 많습니다. 이런 이유로 코로나 사태에 사람 간의 이동뿐 아니라 물류의 유통도 많은 제한을 받게 된 것입니다. 그동안 촘촘하게 연결되어 있던 생산 시스템의 글로벌 밸류 체인은 심각한 타격을 받았고 코로나 사태에 각국은 봉쇄정책으로 대응했습니다. 이 결과 전 세계의 생산 및 유통망이 자국 중심의 보호주의로 바뀌면서 기존의 무역 질서 등 모든 국제 관계가 디커플링되는 현상까지 벌어지고 있습니다.

20세기 초에도 인류는 비슷한 현상을 경험했습니다. 대량생산체제가 '과학적 관리법 *Scientific Management*'의 도입으로 확산되면서 소득의 양극화 현상이 심화되었습니다. 대량생산의 효율성으로 인해 자동차회사 포드나 철강회사 카네기와 같은 대기업 집단들과 초일류 부자들이 탄생하게 된 것입니다. 이런 가운데 기존의 산업이 새로운 산업으로 대체되면서 실업이 늘고 소득의 극단적 양극화 현상이 나타나게 되었습니다. 이를 해결하기 위한 각국의 노력은 다른 나라를 비난하고 자국의 산업을 보호하기 위한 보호무역주의로 치닫게 되었습니다.

미국에서는 뉴욕 증시의 대폭락 사태가 발생하고 스무트 홀리 관세법안 *Smoot-Hawley Tariff Act*이 발효되어 보호무역주의가 심화되었습니다. 그 결과로 유럽 국가들의 반발이 일어나고 프랑스와 영국 등이 보복관세 조치를 취하고 환율을 통제하면서 세계 대공황이 심화되었습니다. 마치 최근 미국과 중국 간의 무역 및 기술 패권 갈등이 심화되면서 전 세계가 신자유주의 세계 무역질서를 버리고 보호주의 무역과 자국 중심의 산업정책으로 되

돌아가고 있는 현상은 20세기 초반의 보호무역주의 현상을 연상시킵니다.

이런 변화를 자세히 살펴보면 2차 세계 대전과 6·25전쟁 이후 비교적 평온한 삶을 살아온 우리에게 언제 어떤 일들이 벌어질지 예견하기 어려운 불확실한 시대가 펼쳐지고 있는 것 같습니다. 국가 간의 신뢰가 붕괴되고 보호무역주의로 회귀하면서 세계무역 질서가 빠르게 변화하고 있는데 국제 정치질서도 어떤 방향으로 바뀌게 될지 예견하기 어렵습니다.

디지털 세계로 접어들면서 이러한 변화가 더욱 다양하게 전개되는 것을 알 수 있습니다. 러시아의 막강한 전차군단이 우크라이나의 드론 공격에 맥없이 무너지는 것이나 이스라엘의 아이언돔이 값싼 하마스의 미사일에 무력화되는 일 등은 이전에는 생각하기 어려운 일이었습니다. 전쟁은 보병의 격투전이 아니라 IT 기술을 이용한 정보전이 더욱 중요하게 되었고 인간을 대체한 드론과 로봇이 서로 싸우는 양상으로 변화하고 있습니다. 앞으로 국제질서가 어떻게 전개될지 불확실한 미래가 펼쳐질 것입니다.

그런데 디지털 혁명에 의해 변화되는 미래는 단순히 기술적 변화만을 의미하지 않습니다. SNS의 확산으로 기존에는 권력을 가진 사람들만 독점했던 정보에 모든 사람들이 손쉽게 접근할 수 있는 가능성이 열리면서 권력의 종말이 나타났다고 평가하기도 합니다. 카네기재단 최고연구원인 모이제스 나임 *Moises Naim* 의 『권력의 종말』을 보면 기존에 권력을 가진 거대 세력들이 디지털 미디어와 SNS의 등장으로 정보의 독점이 어려워져서 점점 권력을 상실하게 된다고 합니다. 거대권력에 대항하는 미시권력이 등장하면서 기존의 권력구조가 붕괴되기 시작합니다. 이제 이런 현상이 확산되어 새로운 민주주의가 등장하게 될지도 모릅니다.

WikiLeaks라고 하는 미시 권력에 의해 기존에 국가권력이었던 정보기관만이 갖고 있던 자료들이 유출되기도 하고 이렇게 유출된 자료는 순식간에 전 세계에 공개되기도 합니다. 정부의 공식적인 권위보다 유튜버의 일방적인 주장이 더욱 강력한 영향력을 미치기도 합니다.

유통시스템도 온라인 유통이 기존의 대형마트를 대체하고 있습니다. 기존의 백화점은 제품을 구매하는 것보다 제품을 소개하는 전시실의 역할로 바뀌고 있습니다. 소비자들은 백화점에서 이전처럼 제품을 구매하는 것이 아니라 전시된 제품을 직접 눈으로 확인해보고 백화점의 가격과 온라인 몰의 제품 가격을 비교한 다음 온라인 구매를 하는 경우가 늘고 있습니다.

온라인 구매증가로 인해 택배를 비롯한 유통시장에 획기적인 변화가 일어나고 있습니다. 공유경제가 확산되면서 우버 *Uber* 와 같이 네트워크를 활용한 플랫폼 서비스나 넷플릭스 *Netflix* 와 같은 회원제 *subscription* 서비스가 늘어나고 있습니다. 네트워크 경제 시스템으로 인해서 이러한 플랫폼 서비스나 회원제 서비스에서는 승자독식 *winner-takes-all* 의 쏠림 현상이 나타납니다. 또한 현물시장 *spot market* 에서 직접 구매하기보다는 멤버십 제도를 통해 장기적인 구매를 유도하는 유통구조의 변화도 나타나고 있습니다.

이처럼 기존에는 상상하지 못할 다양한 분야에서 복잡성을 띠면서 사회변화가 급속도로 진행되고 있습니다. 이런 변화의 또 다른 특성은 모호성입니다. 미래를 정확하게 예측하거나 예견할 수 없습니다. 상황에 따라 예측하지 못한 다른 결과들이 나오고 한 가지의 현상은 다른 현상을 불러일으키기도 합니다. 미·중 갈등으로 중국에 대한 미국의 경제압박과 기술 유출의 제한이 나타나게 되자 전 세계의 제조업 생산구조가 균형을 잃게 되었습니다. 이런 변화로 인해서 유럽연합의 경제 리더였던 독일 경제가 흔들리기 시작했습니다. 중국과 긴밀한 제조생산 시스템을 갖고 있던 독일이 미·중 갈등의 영향으로 심한 타격을 받고 있는 것입니다.

이와 반대로 지난 30년간 잃어버린 시대를 보냈던 일본이 엔저 정책을 택하면서 수출 강국의 부활을 도모하고 있습니다. 30년 동안 인플레이션을 모르던 일본이 인플레이션을 감수하면서도 엔저 정책을 고집하고 있습니다. 이제 내수시장의 경제에서 다시 수출주도 경제로 일본이 경제의 체질을 바꾸려고 하는 것 같습니다. 이러한 일본의 정책선회가 우리 경제나 세계 경제에 어떤 결과로 나타날지는 아무도 예견할 수 없습니다. 우리나라뿐 아니라 일본과 중국의 저출산 문제와 고령화 사회의 문제도 향후 경제에 어떤 영향을 미칠지 알기 어렵습니다. 이런 위기가 마치 노동비용이 증가하게 되면서 자동화가 촉진되는 것처럼 미래 사회에 더 많은 혁신을 불러일으킬지, 아니면 인구 감소로 사회의 경쟁력이 저하될지 예견하기 어려운 상황입니다.

미래는 이처럼 빨리 변하고, 불확실하고, 복잡하고, 모호한 사회로 바뀌어서 우리는 뷰카의 시대를 맞게 된 것입니다. 우리를 둘러싼 지정학적 환경과 경제현상이 바뀔 뿐 아니라 직업, 교육, 문화 등 다양한 영역에서 변화는 빠르게 나타날 것입니다. 사회 시스템이 바뀌고 생활양식이 변하면 경제 시스템 자체도 획기적인 변화를 맞게 됩니다. 우리가 20세기에 살면서 영위하던 직업의 내용과 업무의 특성에도 많은 변화가 예견됩니다. 디지털화된 사회에서 기존의 제조업 기반의 생산시스템은 인간보다는 컴퓨터나 AI, 그리고 로봇에 의한 자동화

시스템이 그 자리를 대신하고 인간은 다른 역할을 담당해야만 할 것입니다.

이처럼 변화가 빠르게 진행된다면 현재 대학 교육은 미래의 직업을 위한 적절한 교육인가에 대한 심각한 의문을 제기할 수밖에 없습니다. 사실 20세기의 교육은 20세기 산업 구조에 잘 맞추어진 교육이었습니다. 20세기는 대량생산체제의 산업 구조로 이뤄져 있었습니다. 잘게 나뉜 부품들을 효율적으로 조립하여 대량생산을 가능하게 한 것입니다.

1911년 산업공학을 전공한 프레데릭 테일러 Frederick Taylor 가 '과학적 관리법'이라는 생산방식을 제안했습니다. 생산 공정에서 최대한의 효율을 높이기 위해서는 인간의 행동을 과학적으로 관리하는 것이 필요하다는 주장입니다. 시간과 행동 time & motion 의 원리를 분석하고 그 연구결과를 세분화된 공정 라인에 적용하게 될 때 사람들은 최소한의 정해진 일에만 집중하면서 최대의 생산 효율을 나타낼 수 있게 되었습니다.

그렇기 때문에 세분화된 영역에 대한 특화된 전문 지식이 필요했고 이를 효과적으로 교육시키기 위해서 대형 강의실에서 주입식으로 전문 지식을 전달하는 방식으로 교육이 이루어져 왔습니다. 세분화된 전문 지식을 교육하는 것은 일을 효율적으로 시키기 위해서는 매우 효과적인 방법입니다. 그래서 대학이라는 고등교육기관에서 대부분의 교육은 객관화되고 형식화된 전문 지식을 빠른 시간에 이해시키고 암기하도록 하는 것이었습니다. 하지만 이제 기업이 원하는 능력은 분석적 사고와 창의적 사고라고 세계경제포럼 *WEF* 2023년 보고서는 말하고 있습니다.

향후 5년 이내에 세계 7억 개의 일자리 가운데 23%가 대대적인 변화를 겪을 것으로 전망됩니다. 2027년까지 약 8천 3백만 개의 일자리가 감소하고 대신에 6천 9백만 개의 일자리가 새로 생긴다고 합니다. 제조업 부문에서는 로봇 등 자동화가 촉진되고 인공지능의 도입과 활용으로 사무직이나 관리직의 경우도 2027년까지 2천 6백만 개의 일자리가 사라질 것으로 예측하고 있습니다.

세상을 넓게 보고
도전하는 대학

　20세기에는 대학에서 전문 지식을 습득한 후 직장에 취업하여 세분화된 영역의 정해진 업무를 수행하는 것이 일반적인 직업 형태와 생산방식이었습니다. 따라서 직장에서의 일은 개인 중심의 구체적인 직무수행이 반복적으로 이루어졌습니다. 이런 업무 시스템으로 인해서 직장에서 개인의 업무는 직무기술*job description*에 국한되어 일을 수행하는 것이었습니다. 그리고 조직은 이를 효율적으로 관리하기 위해서 관료제의 특성에 걸맞게 잘 정리된 규칙에 따라 운영되었습니다.

　그러나 21세기의 일은 20세기의 대량생산체제에 맞는 정형화된 업무를 수행하는 것이 아닙니다. 21세기의 일은 변화하는 환경에 빠르게 적응하는 업무로 바뀌고 있습니다. 그래서 이전과는 다르게 아이디어 중심의 프로젝트 형태로 일의 양상이 변화하고 있습니다. 정형화된 형식지를 갖고 반복적으로 하는 일은 컴퓨터나 로봇이 더욱 잘하는 시대가 되었습니다. 이제는 자신만의 독창적인 아이디어를 갖고 다양한 문제를 해결해내는 능력이 더욱 필요합니다.

답이 없고 존재하지 않았던 문제를 해결해내야만 하는 일들이 늘어나고 있습니다. 아인슈타인이 이야기한 것처럼 지식보다는 상상력이 더 중요한 시대로 바뀌고 있습니다. 더 나아가 이런 문제해결은 개인이 혼자 하는 것이 아닌 다양한 구성원들과의 협업 방식을 통해 이루어지고 있습니다. 이처럼 일의 내용과 방식이 획기적으로 바뀌고 있는데 아직도 20세기 방식의 교육이 필요할지는 의문입니다. 더욱이 시대적, 역사적, 지정학적 상황이 달라진 오늘날에 말입니다. 이제 정말 우리는 20세기 교육을 넘어서 21세기 새로운 교육의 패러다임을 구축해야 합니다. 외워서 익힌 지식보다는 호기심과 탐구 정신, 그리고 더불어 문제를 풀어낼 수 있는 협동심이 더 중요한 능력이 됩니다. 더 나아가 세계를 읽고 미래를 내다보고 자기 주도적으로 학습하는 역량을 갖추는 것이 미래를 이끌어갈 진정한 리더의 능력이 될 것입니다.

하지만 현재 많은 대학에서는 아직도 대형 강의실에서 교수가 일방적으로 세분화된 지식을 전수하는 20세기 대학 시스템을 굳건히 유지하고 있습니다. 이처럼 정형화된 지식을 가르치는 대학들은 고등학교까지의 실력을 일렬로 줄 세워서 학생들을 선발합니다. 『정의란 무엇인가 *Justice* 』로 유명한 하버드 대학의 마이클 샌델*Michael Sandel* 교수는 최근 저서 『공정하다는 착각 *The Tyranny of Merit* 』에서 우리가 공정하다고 생각하는 대입 시스템은 공정한 것이 아니라고 주장합니다. 이 책에서 잘 간파한 것처럼 우리는 공정이라는 명분으로 대학입시 제도를 가장 객관화된 방법으로 선발하는 것이 최선이라고 착각하고 있는 것입니다.

우리나라는 대학 본고사를 폐지하고 대학입시를 개별 대학의 자율성보다는 수능이라는 국가가 주관하는 객관식 시험의 성적만으로 경쟁의 잣대를 삼아 학생을 선발하도록 하고 있습니다. 가능성이나 잠재력보다는 거의 노동에 가까운 학업 몰입을 통해 암기한 지식을 갖고 실력을 판단하고 있는 것입니다. 하지만 객관적인 평가가 개인의 능력을 측정하는 가장 공정한 방법은 아니라는 것이 마이클 샌델 교수의 주장입니다. 공정이

라는 편의성 때문에 개인의 잠재적 역량보다는 훈련된 학업능력
이 평가의 대상이 됩니다. 하지만 문제는 이런 훈련된 학업능력
이 사실은 개인의 잠재능력보다는 부모의 사회경제적 특성에 의
해 크게 영향을 받는다는 것입니다. 우리나라의 사교육 열풍도
바로 이런 사회경제적 차이를 잘 반영하고 있습니다.

이런 학업준비 과정을 거쳐서 가고 싶은 대학은 서열이 매겨
지고 이곳에 들어가기 위해서는 고된 수험 준비가 필요합니다.
수능시험에서 좋은 성적을 얻기 위해서는 보다 효과적인 학습
방법을 습득해야 합니다. 이를 위해 사교육 시장은 활성화되고
서열화된 일류대학의 진학은 수능 1, 2점 차이에 당락이 결정되
는 입시제도를 갖게 되는 것입니다. 이러한 교육시스템과 대학
교육에서는 21세기에 필요한 능력을 배양시키는 데 한계가 있
습니다.

특히 지난 30여 년간 우리나라 대학은 교육보다는 연구 중
심 대학으로 변화하면서 대학은 인재를 육성하는 기능보다는
연구를 통해 지식을 생산하는 기능에 더 많은 노력을 기울여 왔

습니다. 세계적인 대학평가기관인 QS 평가나 THE 평가에서 주요한 평가지표는 각 대학의 연구 능력입니다. 그렇기 때문에 대부분의 유수한 종합대학에서는 교수들의 연구업적을 제일 중요한 평가지표로 삼고 있습니다. 이런 이유로 교수들은 교육보다는 연구에 더 많은 시간과 노력을 들입니다.

따라서 최고 수준의 대학에서는 고등학교까지 엄청난 노력을 기울인 최고의 인재들을 뽑아놓고서도 학부 교육에 있어서는 이들을 거의 방목하는 지경에 이르렀습니다. 학부모들도 대학 교육 자체에는 관심이 없고 입시에 힘들어하는 자녀들에게는 조금만 참고 대학에 가서 놀면 된다고 달래는 실정입니다.

더욱이나 이제 20세기 일류대학의 졸업장은 그 실효성을 점점 잃어가고 있습니다. 100세 시대에 지속적으로 자신의 능력을 계발하지 않고 한번 받은 대학 졸업장만 갖고 평생을 편히 지낼 수 있는 시대는 지나갔습니다. 좋은 대학의 졸업장은 50세 중반 정도까지 직장에서 일할 수 있는 신분보장으로 활용될 수는 있지만 그 이후 스스로의 능력이 없으면 무위도식하는 오랜 노년 시간을 보내야만 합니다. 마치 몰락하는 왕조의 끝자락에서 양반이라는 명분 하나만을 갖고 몰려드는 근대화의 물결을 거부했던 조선 말기의 유생들처럼 일류대학 출신이라는 학위만으로는 미래의 문제해결 능력을 담보할 수 없습니다.

이런 현상이 우리나라에서만 예외적으로 나타나는 것은 아닙니다. 미국의 뉴욕 타임즈에서도 미국 대학을 이제는 더 이상 지적 계몽의 터전이 아니라 실업자를 양산하는 공장이라고 비하하고 있습니다. 그리고 유명 대학 졸업장은 학생 자신과 가문의 자랑거리에 불과하다고 합니다. 대학입시도 불필요한 경쟁으로 학생들만 고생시킨다고 말합니다. 이런 이유들로 미국의 아이비리그 대학을 비롯한 많은 명문 대학들이 이제는 대학 입학 자격시험인 SAT 성적을 그리 중요한 평가 기준으로 보지 않기 시작했습니다.

대학을 졸업하고도 직장을 갖지 못하는 이유는 자신의 능력과 직장 선호의 불일치에 기인한다고 볼 수 있습니다. 학부에서 배운 전공과목이 직장에서 원하는 업무의 능력과 괴리가 발생할 때 자신의 능력을 발휘하기 어렵습니다. 게다가 자신의 능력과는 상관없이 직장의 업무 내용과 보수가 원하는 기대 수준에 미치지 못한다고 스스로 취업을 포기하고 실업 상태에 빠져 있는 경우가 많이 있습니다. 경제가 고도성장할 때 선배들이 누렸던 취업의 특권이 점점 사라지고 있는 것을 인식하지 못한 결과입니다.

이제는 대학 졸업장이 아니라 자신만의 실력을 지속적으로 계발시킬 때에만 원하는 직장과 직무를 얻을 수 있는 시대로 바뀌고 있습니다. 그럼에도 불구하고, 치열한 대학입시 경쟁 속에서 단순 암기 위주의 암묵지 *Tacit knowledge* 를 효율적으로 익히기 위해 엄청난 사교육을 받는 시스템이 변화하지 않고 고착화되고 있어 안타까울 뿐입니다. 이렇게 훈련되어 수능 성적만으로 줄 세워진 인재들은 사고력과 창의력이 고갈된 상태로 대학에 진학하게 됩니다.

대학에 입학할 때까지 형식지 *Explicit knowledge* 암기에 지친 신입생들은 대학 입학 후 자유와 낭만을 즐기면서 많은 시간을 보내곤 합니다. 지식에 대한 호기심은 사라지고 공부는 노동으로만 생각하게 되니까 대학에 들어와 자유롭게 되면 공부를 하려는 생각이 사라지는 것입니다. 대학에 들어와서도 마찬가지입니다. 교수의 강의를 잘 정리하여 암기한 다음 중간고사와 기말고사를 잘 보고 좋은 성적을 얻으면 자신을 능력 있는 사람으로 착각하게 됩니다. 출석과 암기 중심의 시험 성적을 자신의 능력으로 착각하는 것은 대학입시까지 그렇게 공부를 준비해왔기 때문입니다.

이것뿐 아니라 대학에 들어와서도 또 다른 학원에서 사교육을 받기도 합니다. TOEFL이나 TOEIC과 같은 영어시험의 성적을 올리기 위해 학원을 찾거나 취업을 위한 자격증 시험에 매달려 학원을 찾는다는 이야기를 들으면 시대착오적 관습으로 고생하는 학생들이 안타까울 뿐입니다. 취업 시험이나 자격증 시험도 객관적 지식을 경쟁적으로 외워서 합격하게 되는 노동의 일환이기 때문입니다.

하지만 사회는 점점 이런 암기형 인재보다는 문제해결형 인재를 원하고 있습니다. 때문에 기업의 인재 선발 방식도 획기적으로 변하고 있습니다. 대기업들은 대졸 신입사원을 모집하는 대신에 능력이 검증된 경력사원을 선호합니다. 많은 학생들이 학부를 마치고 법학전문대학원에 진학하려고 하는 것이나 대학입시에서 의대에 몰리는 것도 안타까운 일입니다. 자신의 취향이나 사회정의를 실현하기 위한 꿈을 위해서가 아니라 법학전문학원을 졸업한 후 변호사 시험에 합격하여 고수입과 권력을 얻으려는 계획은 잘못된 판단일 수 있습니다. 인생에서의 성공이 단순히 경쟁에서 이기고 돈을 벌기 위한 수단만은 아니기 때문입니다.

봉사와 희생정신으로 인간의 생명을 구하고 아픈 사람들을 치유하는 의술을 베풀기 위해서가 아니라 의사가 된 다음 고액 수입과 의사면허로 정년 없이 일할 수 있다는 매력만으로 의대에 진학한다는 것은 올바른 직업 선택이라고 할 수 없습니다. 수능 점수만으로 최고의 성적을 받은 학생들이 모두 의대에 몰리는 것은 오늘 이런 안타까운 현실을 잘 보여주고 있습니다.

변호사도 이제는 세분화된 전문 영역이 있어서 해마다 100명 정도 사법시험에 합격하던 옛 시대의 변호사와는 다릅니다. 지금은 매년 2천 명 정도의 학생들이 법학전문대학원에 입학하여 약 75%가 변호사 시험에 합격합니다. 10여 년 전만 해도 변호사 자격증을 가진 법학전문대학원 졸업생들을 일반 대기업에서 과장급으로 영입해 왔습니다. 하지만 지금은 변호사들이 대기업 일반 사원으로 취직만 되어도 성공한 것으로 여기게 되었습니다. ChatGPT의 등장으로 로펌에서도 변호사들이 담당하던 판례를 분석하는 시간이 십 분의 일로 줄었다고 이야기하기도 합니다.

사실 앞으로 전개될 사회의 복잡성 때문에 변호사의 수요가 늘 것이라고 예측했지만 판례 분석과 같은 법무 관련 업무들을 인공지능이 담당하게 되면 변호사의 역할은 매우 달라질 것입니다. 의사의 전문성도 이제는 임상 의사뿐 아니라 의학 연구에 몰두하거나 의료기기 등을 만들어 창업하는 다양한 가능성이 새롭게 열리고 있습니다. 30여 년 전 한의대 열풍이 분 적이 있었습니다. 한의대 입시 지원이 거의 의과대학 지원을 위협할 정도로 높은 인기를 끌었습니다. 하지만 신뢰할 만한 건강 보조 식품들이 나오면서 한약에 대한 선호도가 급격하게 떨어져서 지금은 한의대를 졸업하고도 취업을 걱정하는 학생들이 나올 정도가 되었습니다.

시대의 변화에 따라 급격하게 바뀌는 직업의 특성을 30년 전의 생각만을 갖고 그 직업에 필요한 전공을 배우기 위해 대학을 진학하는 것만큼 어리석고 시대착오적인 생각도 없을 것입니다. 에릭 토폴 *Eric Topol* 은 스크립스 클리닉의 심장전문의로서 16년간 유명한 클리블랜드 클리닉의 심장내과를 이끈 의사입니다. 의학계에서는 논문이 가장 많이 인용되는 저자 열 명 중한 명이라고 합니다. 미국 국립의학원 회원이기도 한 그가 10년 전에 쓴 『청진기가 사라진다』라는 책이 있습니다. 원제목은 *The Creative Destruction of Medicine: How the Digital Revolution Will Create Better Health Care*로, 이 책에서 저자는 의학계의 창조적 파괴를 예견하고 있습니다.

특히 디지털 혁명이 어떻게 더 나은 건강을 만들어낼까 하는 의료계의 변화를 잘 설명하고 있습니다. 지금도 의과대학에 들어가면 다른 전공과는 비교도 될 수 없을 정도로 많은 의학지식을 암기해야 합니다. 마치 의학 백과사전을 통째로 암기해야 할 정도로 의학 용어부터 시작하여 엄청난 지식을 습득해야 합니다. 전공의가 되려면 이런 지식뿐 아니라 현장실습을 포함하여 힘든 훈련을 거쳐야 합니다. 인간의 생명을 다루기 때문에 더욱 엄격하고 고된 훈련이 따르는 것은 당연할 것입니다.

20세기 가장 뛰어난 의학 소설로 평가받으며 의료계의 현실을 잘 묘사한 미국 의사들의 필독서가 있습니다. 하버드 대학교 의과대학 교수였던 의사 사무엘 셈 *Samuel Shem*이 쓴 『하우스 오브 갓 *House of God*』입니다. 이 책을 보면 소명 의식이 없으면 의사라는 직업이 얼마나 감내하기 힘든가를 잘 알 수 있습니다. 부와 안락한 삶만을 위해 의과대학에 진학하는 것이 얼마나 큰 착각인지를 잘 보여주고 있습니다.

더 나아가 이제는 디지털 혁명으로 의학지식이 컴퓨터를 통해 우리 손 안에 들어오게 되었습니다. 아픈 증세가 있으면 환자들은 미리 인터넷을 통해 자신의 증상과 처방에 대해 많은 지식을 찾아보고 의사를 만납니다. 에릭 토폴의 두 번째 책『청진기가 사라진 이후』의 원제목이 *The Patient Will See You Now*, 즉 '이제는 환자가 당신을 주시할 것이다'인 이유도 바로 이런 변화를 잘 설명해주고 있는 것입니다.

인공지능 알고리즘으로 진단을 받을 수 있는 세계도 열립니다. 의사의 지식과 판단 능력 못지않은, 어쩌면 더 나은 전문 지식을 가진 인공지능 의사의 출현이 가능하다는 것입니다. 그렇게 되면 의사가 전문 지식의 권위를 갖고 환자를 일방적으로 대하는 시대가 종말을 고하고 의료의 민주화가 나타나게 된다고 에릭 토폴 교수는 예견합니다.

스마트폰과 다양한 진단키트를 통해 본인의 건강 상태를 수시로 체크하고 통상적인 질병에 대해서는 이를 통해 의사 없이 진단과 처방이 가능한 시대가 열린다고 합니다. 그러면 의료행위는 권위를 가진 전문가의 병에 대한 처방이기 보다는 환자의 마음을 사는 서비스의 형태로 바뀌게 될 것입니다. 보다 나은 서비스를 제공해주는 병원이나 의사를 찾는 환자 중심의 의료 서비스가 보편화될 것입니다.

오늘날 전문의 전공 가운데 인기 있는 영상의학과는 10년 후면 판독 능력을 갖춘 인공지능에 자리를 내줄 것입니다. 영상의학과 전문의가 아날로그 방식으로 눈으로만 확인하는 영상 판독 능력보다 인공지능이 디지털화된 빅 데이터 분석을 통해 환자의 영상자료를 판독해내는 것이 훨씬 정확할 수 있기 때문입니다. 그때가 되면 영상의학과에 대한 선호도 역시 크게 달라질 것이 분명합니다.

앞에서 이야기한 것과 같이 벌써 판례를 이해하고 재판의 심리 과정에 이를 적용하는 데 인공지능 ChatGPT의 활용이 훨씬 높은 효율성을 보이고 있다고 합니다. ChatGPT4로 미국 변호사 모의시험을 보게 했더니 상위 10% 수준으로 합격하는 능력을 증명했습니다. 불과 5개월 전에 출시된 ChatGPT3.5에서는 하위 20% 수준이었다가 이처럼 짧은 시간에 비약적으로 발전한 것입니다.

앞으로 단순히 많은 법전 지식을 암기하고 판례를 살펴보는 것은 인공지능이 대신할 것이기에 단순 사례 분석에서 변호사가 인공지능을 이길 수 있는 가능성은 훨씬 낮아졌습니다. 이제 변호사는 판례에 대한 보다 심도 있는 해석과 법적 판단 능력을 바탕으로 사건에 접근해야 합니다.

그래서 더 이상 의대나 법전원에서 전문 지식 암기 중심의 교육은 효용이 없다고 볼 수 있습니다. 이제는 모든 면에 있어서 20세기에 통용되던 많은 방식들이 더 이상 통하지 않습니다. 따라서 버려야 할 것은 버려야 합니다. 20세기 방식으로 21세기를 살아서는 생존이 어렵다는 것은 뻔한 사실입니다. 그렇기에 이제 우리의 미래를 준비하며 진정한 리더십으로 변화된 사회를 이끌어 나가는 인재들을 새롭게 변화된 교육 시스템에서 키워내야 할 때가 되었습니다.

21세기 리더는 더불어 사는 세상에서 공감 능력이 뛰어나고 창의적이며 문제해결 능력이 탁월한 인재이어야만 합니다. 자기

일밖에 모르는 사람이 아닌 공동체를 위해 팀워크를 만들어 이끌어가는 인재를 키우기 위해서는 20세기의 전공 중심 학부 교육이 획기적으로 변화해야 합니다.

21세기가
필요로 하는
인재상

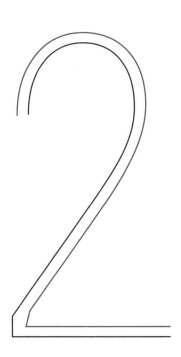

태재대학교의 모든 핵심은
"학생성공"으로부터
시작됩니다.

21세기가 필요로 하는 인재의 모습을 그려보기 위해서는 오늘 인류가 당면한 현상을 꼼꼼히 살펴보고 정확하게 이해하는 것이 필요합니다. 이를 위해서 우선 20세기의 역사적 특성을 파악하고 변화된 21세기 환경에서 미래를 선도하는 인재상을 알아내야 합니다.

이젠 더 이상 국가의 경계로 한정되는 지역적 인재가 아니라, 전 세계의 국경을 넘어서 활약하는 글로벌 인재가 필요한 시대로 바뀌고 있습니다. 하나의 좁은 지역 중심의 공간이 경계를 넘어 지구 공간으로 확장되고 있기 때문에 개별 국가 내의 로컬 이슈뿐 아니라 전 세계를 아우르는 글로벌 이슈에 관한 뛰어난 통찰력을 갖춘 인재가 필요합니다.

21세기 인류가 당면한 과제

20세기 문명의 발전으로 인한 부가적인 산물로 우리 인류는 해결해야 할 많은 과제를 떠안게 되었습니다. 양날의 검처럼, 문명의 편의가 가져다준 자연의 피폐는 미래세대에게 큰 숙제를 남겼습니다.

더 나아가 새로운 기술 진보로 인해 앞으로 닥치게 될 더 많은 문제들에 대해서도 고민해야 합니다. 이와 함께 21세기 들어 신자유주의의 이념과 국제질서의 균형이 깨지면서 나타나는 미·중 갈등을 포함한 국제질서 재편이 초래하는 지정학적 상황 변화에도 지혜롭게 대응해야 합니다.

20세기 대량생산체제의 부작용

20세기에 발전된 대량생산체제 때문에 인류는 역사상 처음으로 대량소비를 할 수 있게 되었습니다. 하지만 대다수를 위한 대량소비가 불러일으킨 인류의 탐욕은 개인의 과식, 비만으로 인한 건강 문제뿐 아니라 지구를 오염시키는 공해, 쓰레기 문제, 그리고 과도한 화석연료 사용으로 인한 기후온난화 위기 등 심각한 전 지구적 환경 사회문제를 남기게 되었습니다.

대량생산의 풍요로움이 초래할 영향을 생각하지 않고 무조건 대량소비를 위해 달려온 인류는 풀어야 할 숙제를 21세기에 너무 많이 남겨놓은 것입니다. 무분별한 화석연료의 남용으로 탄소배출이 증가함으로써 나타난 기후 위기는 인류의 미래와 생태계의 지속가능성까지 위협하고 있습니다. 플라스틱과 같은 쓰레기 처리 문제, 도시집중화로 인한 대도시의 교통문제, 주거문제, 공해 문제 등 대량생산체제가 가져온 풍요로움에 숨겨진 이면의 문제를 우리는 힘겹게 풀어내야 합니다.

일례로, 스웨덴의 스텐 구스타프 툴린은 종이봉지 제작으로 인해 나무가 사라지는 것이 아쉬워 환경보호차원에서 비닐봉지를 고안하였는데, 이젠 비닐봉지가 재앙으로 돌아오는 애물단지가 되었으니 실로 아이러니가 아닐 수 없습니다. 지금 미국 실리콘밸리는 높은 주택가격과 교통난, 비싼 생활비로 인해 비록 IT 기업에서 높은 연봉을 제시하고 있지만 실제로 생활하기에는 그리 편안한 삶의 터전은 아니라고 합니다. 최근에 코로나 사태를 겪고 나서 재택근무를 선호하고 실리콘밸리 직장 근처에서 사는 것을 회피하는 사람들이 많아졌다고 합니다.

  디지털 혁명이 일어나서 재택근무가 활성화되면 대도시의 삶이 그리 매력적이지 않을 수 있습니다. 인터넷으로 연결된 세상은 지방 소도시나 시골에서 살아도 전 세계와 소통하는 데 전혀 불편하지 않습니다. '배달의 민족'으로 유명한 우아한 형제들이라는 회사에서는 직원들이 인터넷으로 소통만 가능하면 전 세계 어디서나 한달 살이를 하면서 일을 할 수 있다고 합니다. 우아한 형제들이 소개한 자료를 보면 일본의 료칸에서 유카타를 입고 컴퓨터 앞에서 작업을 하는 직원이나 암스테르담에서 박물관 투어를 마치고 게스트 룸에서 작업을 하는 직원의 모습을 볼 수 있습니다. 삶의 양식과 직업의 형태 등이 급속히 변화하고 있기 때문에 20세기에 존재하던 직업이나 일의 방식만을 고집하는 것은 시대착오일 수 있습니다.

　우리나라는 저출생으로 인구소멸의 위기를 걱정하고 있지만 전 세계는 지난 40여 년 만에 인구 40억 명에서 80억 명으로 두 배가 증가한 인구 폭발 현상을 직면하고 있습니다. 인구의 폭증은 지구생태계의 지속가능성에 심각한 위기를 초래할 수 있습니다. 늘어난 전 세계 인구가 대량소비를 하고 도시화로 대도시에 인구집중이 가속화되면 생태계 파괴는 더욱 심각해질 것입니다. 더 나아가 인구 증가와 함께 사회경제적 불균형이 심화되면 심각한 갈등과 분열, 그리고 파괴적이고 적대적인 사회불안 요소가 증가할 것입니다.

　20세기를 거치면서 테러나 전쟁으로 인류를 대량 살상할 수 있는 위험이 심각하게 증대되었습니다. 핵무기뿐 아니라 생화학무기가 인류 전체를 멸망시킬 수 있는 가능성이 열려 있습니다. 그렇기에 갈등과 분열의 심화보다는 공존과 화합, 상생과 평화를 이끌어낼 수 있는 리더십이 절실한 시대가 되었습니다. 20세기에 인류 역사가 남긴 숙제를 21세기에 반드시 풀어야만 인류의 미래는 지속 가능하게 될 것입니다.

대학이 사회를 이끌어온 시대적 사명을 다시 한번 되새기면서 21세기 대학에서는 이를 담당할 글로벌 리더를 키워내는 것이 절실합니다. 개인의 출세와 영달을 위한 전공과 대학이 아니라 미래지향적인 문제해결 리더들을 키우는 대학들이 출현해야 할 것입니다. 인류 공동체가 파괴되는 과정에서 개인만을 위한 경쟁적 리더를 키워내는 것은 대학의 사명이라고 할 수 없습니다. 대학이 사회의 깨어 있는 선구자의 역할을 담당하기 위해서는 21세기 미래 사회라는 인류공동체의 리더들을 키워내는 역할이 무엇보다 중요합니다.

21세기 기술진보의 영향

인류 문명사의 대전환 과정에서 우리가 주목해야 할 것은 21세기가 초래할 기술의 진보에 따른 변화입니다. 이제 21세기에는 그동안 인류 문명사에서 경험해보지 못했던 새로운 세계가 펼쳐질 것입니다. 그리고 이 기술 진보의 속도는 기하급수적으로 빠르게 전개될 것입니다. 디지털 혁명과 생명공학 혁명이 상상하지 못할 정도의 속도로 우리의 삶을 바꾸어 놓고 있습니다. 디지털 혁명은 정보통신의 발전과 함께 인류의 모든 생활양식을 디지털화된 형태로 변화시키면서 생활의 효율성을 높여갈 것입니다. 이러한 디지털 혁명은 20세기 초 인류가 과학적 관리법을 통해 대량생산체제를 만들어낸 것처럼 긍정적 발전과 부정적 피해의 양면성을 띠게 될 것입니다.

디지털 혁명은 개인정보의 유출, 해킹, 불법 사이트, 보이스 피싱 등 다양한 디지털 윤리의 문제를 낳게 됩니다. 더 나아가 디지털 사회 기반을 순식간에 파괴할 수 있는 테러나 대량 살상의 위험도 더욱 커지게 됩니다. 생명 공학의 발전으로 인해 생명 합성, 크리스퍼 *CRISPR* 유전자 가위를 활용한 DNA 서열 조작처럼 신의 영역에 도전하는 많은 일들이 나타나게 될 것입니다.

질병을 예방하고 더 나은 삶을 위해 개발된 많은 생명 공학의 실험들이 자칫 잘못 활용되면 인류의 운명을 송두리째 앗아갈 수도 있습니다. 생명 합성을 통해 박테리아와 바이러스를 인간이 마음대로 만들어낼 수 있고 이를 유포시켜 인류의 생존을 위협할 수 있습니다. 빅 데이터와 인공지능의 발전으로 인류의 수명, 노화, 질병 등이 새롭게 인식되고 인간이 이를 극복할 수 있다고 할 때 인류의 문명사는 또 한 번 바뀌게 될 것입니다.

기술의 진보는 인간의 수명도 바꾸고 있습니다. 20세기 전반만 하더라도 인류의 평균수명은 60세에도 미치지 못했습니다. 1950년대만 하더라도 우리나라의 평균 수명이 53세 정도였습니다. 하지만 지금은 여성은 86세, 남성은 80세에 달하는 수명을 누리고 있습니다. 세계보건기구 WHO와 영국의 임페리얼 칼리지 런던의 2017년 공동연구 조사에 따르면 2030년이 되면 세계 각국 중에서 한국이 평균수명 1위 국가가 된다고 합니다. 청소년과 노년층 자살률이 전 세계 1위를 차지함에도 불구하고 이런 예측이 가능한 것은 아마 한국이 비교적 균형 잡힌 식사, 국민건강보험 제도에 따른 건강검진과 의료혜택, 건강과 보건에 대한 매우 높은 국민적 관심 등이 그 원인일지 모릅니다.

또 다른 흥미로운 소식도 있습니다. 2015년 2월 12일자 타임지 표지에는 '올해 태어난 어린이가 몇 살까지 살 수 있을까?'

라는 타이틀이 붙었습니다. 정답은 142세였습니다. 의료기술의 발전으로 인류는 21세기에 20세기 수명의 두 배를 살 수 있게 될지 모릅니다. 그렇기에 수명의 관점에서 보더라도 20세기에 형성된 모든 사회 시스템이나 사고방식의 패러다임 속에 파묻혀 있으면 안 됩니다. 교육 내용이나 교육 방법에 있어서 대학 시스템이 획기적으로 바뀌어야 하는 이유도 바로 거기에 있습니다.

이러한 변화가 초래할 긍정적 효과 못지않게 이들로 인해 발생하게 될 부정적 위협 요소를 사전에 제거하고 대응하는 것이 무엇보다 필요합니다. 인간 수명의 연장에 따른 초고령화 사회 문제, 데이터, AI, 로봇 등이 지배하는 사회의 문제 등 기술 발전으로 초래될 다양한 사회문제들이 21세기에 인류 문명사의 획기적 전환과 함께 우리가 풀어야 하는 문제로 대두될 것입니다.

20세기는 대량생산체제로 인해 발생하게 될 미래의 위협요소를 사전에 대비하지 못하고 무작정 달려온 발전지향 우선의 시대였습니다. 하지만 이로 인해 초래된 여러 문제들이 인류의 생존을 위협하고 있습니다. 이러한 역사적 경험을 바탕으로 우리는 21세기의 기술 발전과 이를 통한 풍요로움의 결과로 나타나게 될 위협 요소를 사전에 대비하는 지혜를 갖추어야 할 것입니다. 21세기 리더들이 이를 지혜롭게 준비하지 않으면 인류의 미래는 다시 한번 더욱 심각한 위험에 빠져들게 될 것이기 때문입니다.

21세기 세계 정치경제 질서의 재편

21세기에 들어서 전 세계 정치경제 질서는 빠르게 재편되고 있습니다. 20세기 말 오랜 냉전체제가 종식되어 평화가 지속될 것처럼 인식되었지만 미·중 갈등이 심화되고 우크라이나 전쟁이나 중국의 남중국해 전략 등에서 보듯이 새로운 국제질서 구축 과정에서 각국의 이해는 첨예하게 대립하고 있습니다.

미국은 쿼드와 같은 동맹 체제를 강화하고 유럽연합도 나토 체제를 확장시키고, 러시아와 중국은 새롭게 동맹관계를 심화시키는 등 새로운 국제질서에서 영향력을 선점하기 위한 다양한 전략들이 나타나고 있습니다. 미·중 갈등에서 벌어지는 미래의 지정학적 위기는 얼마 전 타계한 헨리 키신저 *Henry Kissinger* 전 미국 국무장관이 예견하듯이 빠른 속도로 발전하고 있는 AI 등의 영향으로 세계 3차 대전을 막을 수 있는 기간이 5년 내지 10년밖에 남지 않았다고 경고하기도 합니다.

특히 20세기까지 인류 문명을 주도해온 서구 중심의 문명사가 21세기 아시아의 영향력으로 전환의 시기를 맞고 있습니다. 미국과 유럽의 인구는 8억 5천만 명 정도에 불과하지만 중국, 인도 등을 포함한 아시아 인구는 40억 명에 달합니다. 현재 미국과 유럽의 GDP가 한, 중, 일의 GDP보다 많지만 2030년이 되면 한, 중, 일의 GDP가 미국과 유럽을 합친 GDP보다 많아질 것으로 전망하고 있습니다.

이런 변화의 소용돌이 속에서 한반도를 둘러싼 21세기 새로운 국제질서의 변화도 매우 빠르게 전개될 것입니다. 일찍이 하버드 대학의 새뮤얼 헌팅턴 *Samuel P. Huntington* 교수는 『문명의 충돌 *The Clash of Civilizations* 』이라는 저서를 통해 서구 문명을 넘어서 21세기에 나타날 동아시아 문명의 중요성을 강조하고 있습니다. 종교를 바탕으로 서구 문명과 이슬람 문명이 충돌하는 것에 더해 동아시아 문명이 새롭게 주목을 받으면서 21세기 미래 사회의 변화를 만들어 나갈 것이라고 보는 것입니다. 이렇게 다양한 문명이 서로 충돌하는 것을 넘어서 어떻게 조화를 이루면서 평화와 번영을 만들어 나가는가 하는 것이 우리 인류가 21세기에 풀어가야 할 큰 과제입니다. 이를 이해하고 인류 공동의 미래를 만들어 나가는 미래 인재를 키워내는 것이 대학의 소임일 것입니다. 21세기 아시아의 정치·경제적 지위가 향상되고 문화적 영향력이 커질 때 20세기까지 인류문명을 주도해온 서구 유럽의 사회 시스템이나 사상과 아시아의 사회 시스템이나 사상이 서로 조화를 이루면서 공존할 필요성이 중대될 것입니다.

서로 다른 문화적 특성들이 글로벌화를 통해 서로를 이해하고 공감해야 미래 인류의 공영을 이룰 수 있습니다. 따라서 21세기 리더는 다양성에 대한 공감 능력을 바탕으로 문제를 제대로 파악하고 조화롭게 글로벌 이슈들을 풀어내야 합니다. 태재대학교가 추구하는 리더상은 글로벌 리더, 미래 리더, 자기혁신

"

빠르게 변화하는 시대에
필요한 능력은
자신만의 페이스를 찾고
변화의 흐름에
휩쓸리지 않는것입니다.

"

리더입니다. 이처럼 글로벌한 미래지향적 리더를 키워서 그들이 새로운 인류문명에 공헌하는 지도자로서 역할을 충실히 수행할 수 있도록 하는 것이 태재대학교 교육의 미션입니다.

21세기 인재상과 핵심 역량

문명사적 대전환의 시기에 앞으로 우리나라뿐 아니라 우리 인류에게 필요한 인재는 글로벌 마인드를 갖고, 멀리 미래를 내다볼 줄 알며, 자기 주도적 문제해결 능력을 가진 인재입니다. 2023년 9월에 개교한 태재대학교는 21세기 미래 인재상에 걸맞은 교육을 하는 가장 혁신적인 대학으로 출범하게 되었습니다. 20세기형 인재가 아니라 21세기형 인재를 키우기 위한 꿈을 갖고 태재대학교는 담대한 여정을 떠나게 된 것입니다.

태재대학교는 21세기 인류사회를 이끌 수 있는 인재를 글로벌 인재, 미래 인재, 자기혁신 인재라고 보고 이런 인재상을 목표로 하는 교육을 추구합니다. 이를 위해 태재대학교는 태재만의 차별화된 교육을 통해 태재학생들을 세 가지의 개인적 역량과 세 가지의 사회적 역량을 전문적으로 갖춘 인재로 키워낼 것입니다. 먼저 개인적 역량으로는 비판적 사고 critical thinking, 창의적 사고 creative thinking, 자기주도 학습 self-directed learning의 역량을 키워낼 것입니다. 사회적 역량으로는 소통과 협력 communication & collaboration, 다양성과 공감 diversity & empathy, 글로벌 화합과 지속가능성 global harmony & sustainability 의 역량을 함양시킬 것입니다.

유학에서는 리더의 덕목으로 신언서판(身言書判)을 갖추도록 했습니다. 몸가짐을 바르게 하고, 말을 잘 하고, 글을 잘 쓰며, 판단력이 뛰어난 능력이 필요하다는 것입니다. 사회의 리더를 길러내는 고등교육기관인 대학에서 가르쳐야 하는 것이 바로 교양교육일 것입니다. 하지만 기존의 대학에서는 이러한 인간의 기본적인 덕목을 키우기보다는 역사, 철학, 물리, 화학, 생물 등 지식 중심의 기초교과목을 가르치는 것을 교양교육이라고 생각했습니다. 하버드 대학의 인지심리학자 스티븐 코슬린 *Stephen Kosslyn* 교수에 의하면 단순히 교양 관련 교과목을 배우는 것보다 기초교양을 몸에 습관화되도록 체득하는 것이 더욱 중요하다고 합니다. 교양은 머리로 배우는 것이 아니라 몸에 밸 수 있도록 훈련해야 하기 때문입니다. 따라서 태재대학교에서는 리더로서 갖추어야 할 역량을 키우기 위해 1학년 교양교육 프로그램을 개인적 역량과 사회적 역량을 함양하기 위한 교과목으로 구성하고 이를 혁신기초학부 *Innovation Foundation School* 에서 교육합니다. 그리고 이 교과목들은 모두 능동학습 *active learning* 방식으로 토론과 문제해결 중심형 수업으로 설계되었습니다. 그래야만 교양 지식이 자신의 것으로 체득되고 습관화될 수 있기 때문입니다.

1) 비판적 사고

개인적 역량을 키우기 위해서는 먼저 비판적 사고 역량을 키워야 합니다. SNS가 확산되면서 가짜 뉴스가 판을 치고 감정

적인 판단에 의해 편 가르기와 검증되지 않은 내용들을 무비판
적으로 수용하는 것을 피해야 합니다. 감정을 앞세워 이성적 판
단이 흐리게 되면 결국에는 판단의 오류로 인해 큰 낭패를 보게
됩니다. 자신이 사용하는 언어의 구체적인 개념을 명확히 이해
하고, 개념과 개념을 연결하는 논리적 연결고리가 적절한지를
판단하는 비판적 사고 역량을 갖추어야 합니다.

아울러 주장의 설득 논리가 구체적인 현실에 바탕을 두고 있
는 것인지 가설적 논의에서 추론된 것인지를 밝혀내는 능력도
필요합니다. 예외적인 현상을 일반화시키는 오류는 없는지, 검
증되지 않은 사실을 마치 객관적인 사실처럼 확대 해석하는 경
우는 없는지 등 다양한 논리적 비판 역량을 키우는 것이 필요합
니다. 미래의 인재는 이러한 비판적 판단 능력을 기본 역량으로
갖추어야 합니다.

2) 창의적 사고

객관적인 사실들을 바탕으로 이를 조합하고 재구성하여 자

신만의 독창적인 아이디어를 만들어내는 창의적 사고 역량이 필요합니다. 독창적인 문제해결 능력이 없이 시키는 일만 하게 되면 21세기에는 단순 노동자로 전락하게 될 것입니다. 그리고 이런 단순노동은 컴퓨터나 인공지능이 훨씬 더 잘 할 수 있기 때문에 이런 능력만으로는 21세기의 인재가 될 수 없습니다. 자신만의 창의적인 아이디어를 끝없이 개발하고 이를 통해 보다 나은 문제해결 능력을 갖추는 것이 필요합니다.

남의 이야기만을 추종하고 열심히 따라하는 것은 미래의 경쟁력이 될 수 없습니다. 미국에서도 젊은이들에게 이런 이야기를 해주고 있습니다. "Be a voice, not an echo." 즉 자신만의 목소리를 가져야지 다른 사람의 메아리가 되어서는 안 된다는 것입니다. 이처럼 자신만의 창의적 아이디어를 만들어낼 수 있는 능력을 키우는 것이 중요합니다.

우리나라에서 많은 학생들은 모든 문제에는 정답이 존재한다고 생각하고 그 정답이 자신이 만드는 것이 아니라 외부에서 전문가에 의해 주어진다고 생각합니다. 그래서 자신만의 주장

"

Be a Voice,
Not an Echo!

"

을 하지 못하고 언제나 다른 곳에 있을지 모를 정답을 생각하곤 합니다. 젊은이들이 자주 말끝마다 "~같아요"라고 하는 답을 하는 것을 보면 이런 문화현상의 반영이라고 볼 수 있습니다. 음식을 먹고 나서도 맛있냐고 물어보면 자신이 먹고 맛을 판단해야 하는데도 불구하고 "맛있는 것 같아요."라고 대답합니다. 즐거운 영화나 스포츠를 보고 나서도 "재미있는 것 같아요."라고 답을 하곤 합니다. 자신이 느끼고 자신이 경험한 것을 자신 있게 답하지 못하는 안타까운 현실입니다. 이제는 자신의 생각을 바탕으로 자신만의 창의적인 아이디어를 만들어내는 능력을 키워주어야 합니다.

3) 자기주도 학습

다음으로 자신이 주도적으로 학습할 수 있는 역량을 키워주어야 합니다. 100세 시대인 21세기에는 20대 전반에 대학을 졸업하면서 모든 학습 과정이 끝나는 것이 아닙니다. 대학을 졸업한 다음에도 끝없이 탐구하고 자신을 계발하기 위한 자기주도적 학

습 능력을 갖고 있어야 합니다. 이것 없이는 100세 시대에 성공
적인 삶을 영위할 수 없습니다. 대학에서 배운 얕은 지식만으로
평생을 살기에는 이미 사회가 다양하고 복잡해져서 새로운 전문
지식을 끊임없이 습득하지 않으면 도태될 수밖에 없습니다.

지금까지는 공부를 노동으로 생각하고 타율적으로 어쩔 수
없이 해왔습니다. 마치 극기 훈련하듯이 공부를 힘든 과정을 참
아내며 하는 것으로 이해하고 있습니다. 하지만 공부는 다양
한 방법으로 호기심을 풀어내기 위해 스스로 학습해야 하는 것
입니다. 게다가 이제는 지식을 습득하는 것이 대학과 같은 교
육기관에 가서만 얻을 수 있는 것이 아니라 다양한 영상강의
자료나 서적 등을 통해 쉽게 얻을 수 있게 되었습니다. 스스로
배울 수 있는 지적 자원과 방법이 다양하게 펼쳐져 있기 때문에
자기주도 학습의 필요성은 더욱 중요하게 다가오고 있습니다.

대학을 졸업하고도 모든 사회적 문제들에 대해서 호기심을
갖고 접근하고 새롭게 학습할 때에만 전문성을 키워 나가는 역
량이 몸에 배게 될 것입니다. 따라서 수동적인 학습이 아니라

"

똑똑한 사람보다는
문제를 해결할 수 있는 사람이
필요합니다.

"

능동적으로 지적 호기심을 갖고 자기 주도하에 학습하는 능력
을 대학에서는 키워주어야 합니다.

4) 소통과 협력

사회적 역량을 갖추기 위해서는 무엇보다는 다른 사람들과
더불어 사는 능력을 키워주어야 합니다. 점점 개인화되어 가고
있는 추세이지만 문제해결을 위해서는 혼자의 힘으로는 할 수
없는 경우가 늘어납니다. 빅데이터 분석으로 트렌드를 예측하
는 송길영 마인드 마이너mind miner는 최근 저서『시대예보: 핵개
인의 시대』에서 우리는 점점 개인화에 빠져들고 있다고 분석하
고 있습니다. 미국의 정치학자 로버트 퍼트넘Robert D. Putnam도
『나홀로 볼링Bowling Alone』이라는 책에서 이전에는 공동체적 질
서를 중요하게 생각하던 미국에서도 홀로 생활하는 삶의 방식
이 늘어나고 있다고 합니다.

인터넷의 보급과 SNS의 확산으로 대면으로 공동체 안에서 생
활하는 것보다 혼자서 컴퓨터를 마주하고 생활하는 것이 더욱

편리하게 느껴지는 사회가 되었습니다. 하지만 문제해결의 복잡성이 늘어나고 있는 미래에 협력과 협동의 지혜는 더욱 필요합니다. 정해진 문제를 단순 반복적으로 해결하는 일이 아니라 정답이 없는 문제를 함께 풀어야만 하는 일들이 많아지고 있습니다.

직장에서도 홀로 일하는 것이 아니라 프로젝트를 통해 공동으로 문제를 해결해야 하는 과제들이 늘어나고 있습니다. 이를 위해 소통과 협동 능력, 다양성을 이해하고 공감하는 능력이 중요합니다. 더 나아가서는 개인이나 집단, 또는 국가 단위의 문제만이 아니라 전 지구적인 문제들을 풀어내야만 하는 일들이 늘어나고 있습니다. 그렇기 때문에 글로벌 사회에서 화합을 이끌어내는 소통 능력과 지구의 지속가능성에 대한 인식을 함양시키는 것이 중요합니다.

우선 소통 능력과 협업 능력을 갖추어야 합니다. 많은 학부모들이 착각하고 있는 것이 있습니다. 지식이 많고 학벌만 좋다고 사회에서 성공할 수 있는 것은 절대 아닙니다. 다른 사람에게 자신을 이해시키고 공감을 이끌어낼 수 있는 소통 능력과 다른 사람을 잘 이끌고 협동할 수 있는 리더십 능력이 사회에 나가게 되면 무엇보다 중요합니다. 상대방을 잘 이해하고 그 사람 입장에 서서 이야기를 전달할 때 소통이 가능해집니다. 이것은 이론이나 지식만으로 되는 것이 아니고 마음을 움직여야 가능한 내재적 역량에 해당됩니다. 이런 소통 능력과 협동하는 능력이야 말로 미래인재에게 가장 중요한 역량입니다.

5) 다양성과 공감

다양성과 공감 능력을 갖추어야 합니다. 사회는 다양한 개인과 집단, 다양한 이념과 사고, 다양한 문화적 특성과 경제·사회적 차이가 공존하고 있습니다. 사회문제를 발견하고 이를 해결하는 능력은 정부 관료가 되었건, 기업의 CEO가 되었건 복잡하고 다양한 사회현상을 이해하고 공감할 수 있는 능력에서 나오게 됩니다. 자신과 다르다고 잘못된 것으로 생각하는 것이 아니라 그런 차이를 이해하고 다른 입장을 공감할 수 있는 능력을 키우는 것은 매우 중요합니다.

미래학자 제러미 리프킨 *Jeremy Rifkin* 은 21세기의 사회적 특성을 설명하면서 공감할 수 있는 능력을 우리들에게 제일 중요한 능력이라고 그의 저서 『공감의 시대 *The Empathic Civilization* 』에서 밝히고 있습니다.

6) 글로벌 화합과 지속가능성

글로벌 화합과 지속가능성에 대한 능력을 갖추어야 합니다. 미·중 갈등이 심화되고 서로 다른 문명사적 배경을 가진 동양과 서양이 21세기에 새롭게 글로벌 질서를 구축하려고 하고 있습니다. 20세기 강대국이었던 미국에 대해 21세기에 새로운 강대국으로 부상하는 중국이 심각한 도전을 하고 있습니다. 이런 미국과 중국 간의 대립은 한반도를 어느 순간 매우 위험한 위기 상황에 빠뜨릴 수도 있습니다.

미국 하버드대 케네디 스쿨의 학장을 역임한 그레이엄 앨리슨 *Graham Allison* 교수는 『예정된 전쟁 *Destined for War* 』이라는 책을 통해 미·중 갈등의 위험성을 이렇게 경고하고 있습니다. 지난 500

년 동안 기존의 강대국에 대항하는 신흥 강대국이 등장한 경우가 16번 있었다고 합니다. 그런데 16번 가운데 12번이나 기존 강대국과 신흥 강대국이 충돌하여 대규모 전쟁을 겪었다고 합니다. 지금 기존의 강대국인 미국과 신흥 강대국인 중국의 갈등이 위기 상황으로 빠지지 않게 하기 위한 노력이 필요한 시기입니다. 21세기 서양과 동양, 미국과 중국은 서로 다른 문명과 문화의 역사를 가지고 있기에 서로를 이해하기가 매우 힘들 수도 있습니다.

오랜 유교적 전통을 갖고 있는 중국의 입장에서는 공동체의 존속과 번영보다 개인의 자유를 강조하는 미국을 이해하기 어려울 것입니다. 영국으로부터 독립하여 개인의 자유를 강조해온 미국은 개인의 권리를 최고의 가치로 여겨서 개인의 총기 소지를 허용하고 있습니다. 개인의 총기 소유로 발생하는 사고가 빈번해도 총기 소유 자체를 규제하는 법을 만들기가 어려운 일입니다. 이런 현상을 중국인들은 이해하기 어렵습니다.

반대로 코로나 사태 때 상해시민들의 이동을 철저하게 봉쇄한 중국의 정책에 대해 미국인들은 이해하지 못합니다. 이런 중국의 정책적 대응을 전체주의 국가이기 때문이라고 비난하기도 합니다. 하지만 중국 정부 입장에서는 전체 공동체의 생존과 이익을 위해서는 한두 사람 개인의 자유는 유보될 수 있다고 생각합니다. 유교적 지배 질서에서 볼 때 집단이나 공동체의 이익이 개인의 이익보다 우선하는 것이 당연시되기 때문일 것입니다. 이처럼 문화적, 사회적 인식의 차이가 많이 나는 두 강대국이 서로 오해하여 충돌하게 되면 전쟁이 일어날 가능성은 매우 높고 그렇게 될 경우에 한반도가 가장 심각한 위기에 빠지게 될 것입니다.

그렇기에 21세기에 미국과 중국이 대립할 것이 아니라 서로 다른 차이를 상호간에 이해시키고 서로 협력하여 인류 공동의 문제를 풀어나갈 수 있게 만드는 인재들이 필요합니다. 대동소이(大同小異)의 개념에서 볼 때 인류 공동의 커다란 난제를 풀어야 하는 공동의 문제를 안고 있는 두 나라가 서로 다른 작은 차이로 인해 갈등하고 위기를 만들어내는 것은 서로에게만이 아니라 인류 모두에게 심각한 피해를 입힐 수 있기 때문입니다.

이제 우리의 미래를 위해 우리나라의 엘리트뿐 아니라 미국, 중국, 일본, 러시아의 엘리트들이 서로 다른 문화와 사회 시스템을 이해하고 협력하면서 인류 전체의 공영을 위해 새로운 세계질서를 구축해 나가야 합니다. 또한 기후위기와 같이 생태계가 심각한 도전을 받고 있을 때 이를 극복하기 위한 지혜와 실천 능력을 지닌 리더들을 키워내는 것이 무엇보다 중요합니다. 지속가능성을 위해서는 건강한 지구생태계가 중요한데, 이제는 기후변화, 인구폭발, 물 부족, 쓰레기 처리 등 다양한 문제가 인류의 생존을 위협하고 있습니다. 이런 위험에 직면하여 인류의 미래 생존을 위해 우리 모두가 풀어야 하는 과제를 유엔은 인류 문명의 지속가능발전목표인 SDGs *Sustainable Development Goals*로 제시했습니다. 빈곤 퇴치로부터 시작하여 기아 종식, 건강과 웰빙, 양질의 교육, 성평등, 깨끗한 물과 위생, 적정 가격의 깨끗한 에너지, 양질의 일자리와 경제성장, 산업, 혁신, 사회 기반 시설, 불평등 감소, 지속 가능한 도시와 지역사회, 책임 있는 소비와 생산, 기후 행동, 수상생태계 보존, 육상생태계 보존, 평화, 정의, 강력한 제도, 목표 달성을 위한 파트너십 등 17개 영역에 대해 인류가 공동으로 대처하지 않으면 인류의 지속가능 발전이 어렵다는 것입니다.

이제 21세기 글로벌 인재는 이러한 인류 공통의 문제에 대한 깊은 이해와 이를 해결하기 위한 창의적이고 지속적인 노력이 필요합니다. 더 나아가 이를 위해 각국이 서로 협력하고 조화로운 문제해결을 위해 공동의 노력을 해야 합니다. 미래의 인재들은 이러한 인류 공통의 목표에 대한 이해뿐 아니라 문제해결을 위한 실천적 역량을 갖고 있어야 합니다. 이러한 개인적 역량과 사회적 역량을 1학년 혁신기초학부의 수업을 통해 키워주어 개인의 내재화된 역량을 향상시키고, 2학년부터 자기가 원하는 전공과목을 선택하여 수강하면서 혁신기초학부에서 쌓은 역량을 더욱 강화하게 될 것입니다. 더 나아가 글로벌 도시 순환을 통한 스터디 투어, 도시문제해결 프로젝트 *civic project*, 리더십 프로그램, 경력개발 프로그램 등 태재대학교만의 차별화된 현장 체험형 비교과 활동을 통해서 이런 역량들을 더욱 내재화시켜 나가게 될 것입니다.

21세기 교육을 책임지는 태재

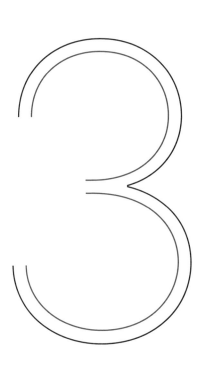

태재대학교는 21세기 인재를 키우기 위해 교육을 책임지는 학부 중심 대학입니다. 20세기에는 학부에서 전공 교육을 통해 전문가를 사회에 배출하는 교육 시스템을 갖고 있었지만 전공 과목이 점점 세분화되고 대학원 교육과정이 심화되면서 학부에서 배운 전공만으로는 전문가로서 활약하기 어렵게 되었습니다. 이공계의 경우 대학원 박사 학위뿐 아니라 박사후 *Post-Doc* 과정을 마친 정도가 되어야 전문가로서 인정을 받는 시대가 되었습니다.

더 나아가 20세기 후반 주요 대학들이 연구중심 대학으로 변화하게 되면서 대학원을 중심으로 한 지식생산의 연구 활동이 활발해지고 대학이나 대학교수의 평가도 연구중심으로 바뀌었습니다. 대학과 교수의 평가가 연구중심으로 바뀌게 되면서 대학원 교육이 강조되고 학부 교육이 소홀히 되는 현상이 두드러졌습니다. 또한, 연구중심 종합대학 교수들은 연구를 최우선시하고 대학원 학생들과 실험 및 연구 프로젝트를 수행하는 일을 학부 교육보다 더욱 중요하게 생각하게 되었습니다. 따라서 학부 전공 수업은 대학원 교과목의 입문 수준의 교육을 하고 학부 학생들은 대학 캠퍼스 내에서 자유롭게 방목되는 상태에 머물게 된 양상입니다.

종합대학에서 학생의 성장을 위해 교과와 비교과의 과정을 체계적으로 설계하여 학부교육을 제공하는 곳은 그리 많지 않습니다. 미국의 경우 Liberal Arts College라고 하는 일부 학부중심대학만이 학부교육에 특화된 교육 프로그램을 제공하고 있습니다.

하지만 21세기에는 대학 학부에서 형식화된 얕은 수준의 전공지식을 배우기보다는 비판적 사고와 창의적 아이디어를 키워서 문제해결 능력을 함양하는 것으로 학부 교육이 바뀌어야 합니다. 사회에 나가서 일을 하게 될 때 입문 수준의 전공지식을 활용하는 것만으로는 한계가 있습니다. 이것보다는 자신만의 내재화된 암묵지 *Tacit knowledge* 를 가지고 협업하며 문제를 해결하는 능력이 더욱 중요해졌기 때문입니다.

임시전략? 인생전략?
급변하는 미래사회에서
든든한 버팀목이 되는 것은
더 이상 대학 네임밸류가 아닙니다.
대체불가능한 역량을
갖추는 것입니다.

형식지는 ChatGPT와 같이 인공지능의 도움을 받아 쉽게 해결할 수 있습니다. 21세기에 형식지를 갖고 인간이 인공지능과 대결하는 것보다 어리석은 일은 없을 것입니다.

이처럼 변화된 교육환경 속에서 대학의 학부 교육은 20세기 교육과 확실히 차별화된 교육으로 바뀌어야 합니다. 전통을 가진 대학을 혁신하는 것은 어려운 과제이지만, 디지털 혁명으로 인한 기존 체제의 변화를 인식하고 태재대학교는 미래 교육의 새로운 방향을 제시하고 있습니다.

젊은 세대들의 문화적 환경은 20세기의 환경과 매우 다릅니다. 새롭게 형성되는 문화적 환경의 사회 시스템 안에서는 지식과 정보, 그리고 역량은 매우 다르게 요구되고 있고 우리는 그 요구에 부합하는 교육을 제공하고 있습니다.

요사이 젊은 세대들은 기존의 대형 은행보다 토스나 카카오뱅크와 같은 온라인 은행을 통해 금융거래를 하고 있습니다. 또한, 백화점이나 대형 마트들은 홈쇼핑이나 쿠팡이나 마켓컬리와 같은 온라인 쇼핑에 소비유통의 자리를 내어주고 있습니다. 회사에 취업하는 것처럼 조직에 편입된 직업을 넘어서 개인의 특성에 따른 직업의 다양성도 매우 빠르게 늘어나고 있습니다. 소위 긱 경제 *gig economy* 라고 불리는 새로운 경제현상이 나타나고 있습니다. 각 경제에서 나타나는 직업을 유연하게 선택하는 계약형 경제 시스템의 등장은 노동의 새로운 변화 형태로 볼 수 있는데, 이런 사회적 현상들은 빠르게 밀려오는 새로운 변화의 물결을 말해주고 있습니다.

변화의 물결 속에서 미래형 인재를 양성하기 위해 태재대학교는 기존 대학과 차별화된 7가지 대학교육 특성을 가지고 있습니다.

아직 검증되지 않았다고?
글로벌 리더가 된 학생으로
증명해 보이겠습니다.

1. 미래형 교육 시스템

태재대학교의 교육시스템은 21세기 디지털화와 글로벌화의 특성을 살려 모든 과목의 수업이 온라인 방식과 영어로 진행됩니다. 단순히 오프라인 강의실에서 일방적인 강의를 듣고 이를 이해하고 암기하여 시험평가를 받는 교육시스템이 아니라 온라인 수업에서 다양한 토론과 문제해결 훈련을 하는 교육입니다.

그리고 글로벌 언어로 자리 잡은 영어로 모든 수업이 진행되어서 세계 어디에서도 자신의 역량을 발휘할 수 있는 언어능력을 갖추게 됩니다. 수업 준비를 위해 사전에 제공된 수업계획서의 안내에 따라 참고자료를 읽거나 교육용 비디오 자료를 시청하고 수업에 참여합니다. 교육용어로 말하자면 거꾸로 교실 *flipped class* 형식을 활용하는 것입니다.

수업은 교수들이 사전에 학생들과 공유한 세밀하게 준비된 학습계획에 따라 토론과 프로젝트 형식의 능동학습 *active learning* 으로 진행됩니다. 수업 시간에는 준비된 교과 내용에 대해 교수가 문제제기를 하고 이에 대해 학생들은 교수의 지도하에 개별 또는 그룹 토론을 하면서 다양한 문제해결 방안들을 논의합니다. 단순히 지식을 얻기 위해 일방적으로 강의를 듣는 것이 아니고 직접 참여하여 제시된 문제에 대해 고민하고 토론하며 생각하는 능동학습을 통해 주제에 대한 깊은 이해를 하게 됩니다. 주어진 주제의 문제해결을 위해서 사전에 준비된 강의교재를 읽고 수업에 참여하는 것뿐 아니라 수업이 끝난 다음에도 관련된 교재들을 심도 있게 공부해야 하는 방식으로 사전, 수업현장, 사후의 3단계에 걸친 수업이 진행됩니다. 물론 학생 개인과 교수 사이의 개별적 소통은 기본입니다.

수업에는 하버드 대학에서 인지심리학을 가르치고 미네르바 대학의 초대 학장을 역임한 스티븐 코슬린 Stephen Kosslyn 교수와 그가 대표로 있는 교육컨설팅 회사인 Active Learning Sciences, Inc. 그리고 태재대학교의 교육기획팀 Education Planning Team 이 공동 개발한 학습계획 Lesson Plan 이 활용됩니다. 일주일에 두 번 진행되는 100분 수업은 학습계획에 따라 진행합니다. 거의 매 5분 간격으로 교수가 어떻게 수업을 진행해야 하는지를 사전에 잘 정리한 시나리오가 레슨 플랜의 형식으로 제공됩니다. 모든 수업은 전 과정이 녹화되어 매주 교육혁신원 *Education Innovation Institute* 교육학전공 석·박사 연구원들이 체계적으로 분석하여 교수와 학생들 개개인에게 맞춤형 평가지도를 실시합니다.

태재대학교에 들어온 첫 해, 혁신기초 교양과목 수업을 듣게 되면 능동학습을 통해 리더로서 반드시 필요한 개인적 역량과 사회적 역량의 암묵지가 습관화되어 내재화됩니다. 모든 수업에서는 미국에서 가장 많은 대학에서 활용하고 있는 학습관리시스템 *LMS: Learning Management System*인 Canvas를 활용합니다.

또한 수업 시간에 원활한 토론이 진행될 수 있도록 Engageli 라는 학습 시스템을 활용하여 수업을 진행합니다. Engageli는 온라인 원격회의 시스템으로서 최근 많이 쓰고 있는 Zoom보다 훨씬 진화된, 강의 및 수업에 최적화된 온라인 학습 시스템입니다. Engageli는 스탠퍼드 대학교 컴퓨터 공학과 교수들이 중심이 되어 코로나 팬데믹 기간 동안 원격교육의 중요성을 인지하고 창업한 회사에서 개발한 온라인 학습용 관리 시스템입니다. 2022년에는 기능의 우수성이 인정되어 미국에서 고등교육공학 최고기술상을 수상하기도 했습니다.

Engageli는 학생들이 소규모로 토론하는 그룹을 만들고 교수가 이들을 지도하기에 최적화된 시스템입니다. 실시간으로 학생 개인별로 참여한 토론 시간이 분석된 그래프가 제공되는 등 능동학습을 위한 학습관리 시스템이라고 할 수 있습니다. 지난해 Engageli와 태재대학교는 최상의 수업 환경을 만들기 위해 상호 협력하면서 태재대학교의 특성에 맞게 모든 기능들을 최적화하는 프로젝트를 진행해 왔습니다.

코슬린 교수가 인지심리학 관점에서 개발한 능동학습 방법은 모든 교과목에 적용되고 있습니다. 능동학습은 단순히 객관적 지식을 암기하는 것이 아니라 지식의 내용을 내재화하여 개인 맞춤형으로 체화시키는 학습 방법입니다. 일방적으로 강의를 듣는 것과는 차원이 다른 학생 참여형 능동학습 방법을 통해 지식이 내재화됩니다. 내재화된 지식은 개인의 암묵지로 축적되고 이런 과정이 습관화되면 모든 문제해결에서 가장 객관적이고 창의적인 대안을 도출해내는 능력을 얻게 됩니다.

이러한 교육 시스템은 단순히 수업에서 나타난 개인의 역량에 관한 데이터뿐 아니라 리더십 프로그램, 도시문제해결 프로젝트 등 다양한 비교와 프로그램에 나타난 데이터와 연계되어 체계적인 개인맞춤형 학생성공 모델을 만들어낼 수 있습니다.

학생들의 다양한 역량은 4단계의 평가시스템과 두 가지 유형의 평가 방법을 통해 매학기 체계적인 분석을 받게 됩니다. 이 데이터는 학생 개개인별로 정리되어 자료로서 축적되고 개인의 교육에 활용됩니다. 다시 말하면, 순위를 매기는 성적표라기보다는, 개인 성장을 위한 자료로 활용된다는 뜻입니다. 이러한 자료는 학생 개인이 태재대학교에서 받은 교육의 전반적인 포트폴리오로도 활용되고 향후 취업을 하는 경우 경력개발을 위한 자료로도 활용할 수 있습니다.

2. 학제간 통합 교육과정

20세기 대학 교육은 전공 중심의 교육이었지만 21세기 대학의 학부 교육은 전공보다는 문제해결 능력과 같은 기초역량이 더 중요한 것으로 바뀌고 있습니다. 이제는 대기업에서도 학부 전공이 그리 중요하지 않게 되었습니다. 미국에서도 대학원에 진학할 때 학부 전공과 대학원의 전공이 일치하지 않는 것을 더 선호하기도 합니다. 이제 전공이라고 하면 대학원 박사학위가 있거나 박사를 받은 다음에도 박사후 과정을 마쳐야 전문가로서 대접받는 시대가 되었습니다.

20세기 초기의 근대 교육에서 우리는 초등학교, 중학교, 고등학교의 체제를 갖고 있었습니다. 초등학교는 의무교육으로서 국민 모두가 다녀야 하는 학교이고, 중학교는 높은 고등교육을 받는 고등학교의 전 단계로 인식되었습니다. 고등학교를 마치면 전문 지식을 쌓기 위해 전문학교나 대학교에 진학했습니다. 당시에는 고등학교 정도 졸업을 하면 고등교육을 받은 것으로 인식되었지만 이제는 대학을 고등교육이라고 합니다. 1960년대와 1970년대에 대학 학부교육은 최상위의 교육이었기 때문에 박사학위 없이 학사학위만 갖고도 전문가로서 활약하고 대학에서도 학사학위만으로 교수가 되곤 했습니다. 하지만 이제 대학 교육은 전 국민의 80% 정도의 대다수가 받고 있습니다.

우리나라에서 석사학위 소유자가 10%를 넘고 박사학위 소유자가 2%를 넘는 고학력 시대가 되었습니다. 그렇기 때문에 학부 교육을 전공 중심으로 가르치는 것은 20세기와 달리 그 효용성을 잃게 되었습니다. 대학원에서 가르치는 전공과목을 조금 쉽게 소개하는 방식의 학부 전공과목을 배우고는 전문성을 갖추었다고 볼 수 없기 때문입니다.

미국의 많은 대학들이 학부 전공을 다양하게 재구성하면서 융합전공이나 자기 설계형 전공도 만들고 하는 것은 이런 변화에 대응하는 과정에서 나온 것이라고 할 수 있습니다. 우리나라 대학에서는 대부분의 학부와 대학원이 학과중심으로 되어 있어서 동일한 학과 내에 학부와 대학원이 공존하고 학과에 소속된 동일한 교수들이 학부와 대학원 수업을 모두 가르치고 있습니다.

하지만 일본의 대표적 실험대학이자 슈퍼 글로벌대학인 츠쿠바대학(筑波大學)의 경우는 학부의 학과와 대학원의 학과가 동일한 곳이 없습니다. 학부는 전통적인 학과로 구성되어 있지만 대학원은 연구과(硏究科)라는 이름으로 매우 구체적이고 복합적인 연구 단위로 구성되어 있고 교수들도 학부와 대학원에 종종 서로 다르게 소속되곤 합니다.

대학 학부에서 학과를 세분화하고 세분화된 전공을 가르치는 것은 시대착오적인 학사조직이라고 할 수 있습니다. 예를 들어 우리나라에서는 역사학을 학부에서 한국사학과, 동양사학과, 서양사학과로 구분하여 학과를 운영하기도 했습니다. 이것은 역사학이라는 학문의 정체성보다 개별교수들의 전공에 따른 세분화된 이기주의적 선택으로 학부에서 이와 같이 학과가 세부적으로 나뉘어서 운영되는 것은 교육적인 입장에서 이해하기 어려운 일입니다.

이처럼 세분화된 내용 중심의 전공 교육을 하는 학부의 교육 방법은 사회에 나가거나 대학원에 진학하여 심화된 전공을 배우고자 하는 학생들에게 큰 도움을 주지 못할 것입니다. 학부 교육에서 보다 필요한 것은 어떤 사물이나 현상에 대해 문제 의식을 갖고 호기심으로 문제를 파헤치고 해결해 나가는 훈련을 하는 것입니다.

태재대학교의 능동학습 방법은 개별 교과목을 가르치는 일방적 교육방식보다는 생각하는 능력을 키우기 위해 호기심과 자기 주도적 학습으로 학생들을 훈련하여 암묵지를 내재화할 수 있는 21세기 교육 방법에 최적화되어 있다고 볼 수 있습니다. 태재대학교는 학부 중심의 교육을 수행하기 때문에 세분화된 전공보다는 다양한 학부에서 전공과목을 배우고 학과의 경계를 넘어 융합적인 사고를 가능하게 만들었습니다. 열려 있는 시스템이기에 학생들은 무전공으로 입학한 다음 수업을 듣다가 자신이 원하는 전공을 선택하고 2학년부터 전공과목을 수강해 나가면서 전공을 신청할 수 있게 설계했습니다.

앞에서도 언급했지만, 1학년에서는 태재대학교가 설계한 글로벌 인재를 위한 핵심역량 중심으로 수업을 받게 됩니다. 혁신기초학부 *Innovation Foundation School* 에서는 개인적 역량을 키우기 위한 비판적 사고, 창의적 사고, 자기주도 학습과 관련된 교과목을 이수하게 됩니다. 또한 소통과 협동 능력, 다양성과 공감 능력, 글로벌 화합과 지속가능성 능력이라는 사회적 핵심역량을 키우게 됩니다.

이러한 태재대학교의 수업은 단순히 지식을 암기하는 것이 아니라 능동학습을 통해 6대 핵심역량을 내재화하고 체득해서 향후 전공과목에서도 활용되게 만든 것입니다. 또한, 전공교과목도 구체적 교과내용을 다루지만 6대 핵심역량과 연결시켜 교과를 구성하고 있습니다.

1학년 혁신기초학부의 수업을 마치게 되면 모든 학생들은 미래사회의 변화를 선도하는 실리콘밸리에 가서 현장학습을 진행합니다. 실리콘밸리 스터디 투어는 사전에 학생들이 팀을 구성하여 자신들이 원하는 기업이나 스타트업 현장에 대한 조사를 합니다.

교수들의 지도를 바탕으로 사전 준비와 관심 주제를 프로젝트로 만들어 이들 기업들을 방문하여 현장학습을 하게 됩니다. IT 최첨단기업인 애플, 구글, 메타, 아마존 등과 같은 글로벌 기업과 자율주행, 센싱, AI와 관련된 스타트업에서 일어나고 있는 다양한 미래기술 관련 활동을 경험하는 것입니다. 학생들은 이들 기업에서 일하고 있는 연구원들과 만나 인턴 체험이나 취업 가능성 등에 대해 활발한 토의를 하고 현장을 경험하고 돌아올 것입니다. 이 스터디 투어에 대한 경비는 대학에서 장학금으로 모든 학생들에게 지급합니다.

2학년 1학기부터는 전공과목을 수강합니다. 인문사회학부, 자연과학부, 비즈니스혁신학부, 데이터 과학과 인공지능 학부에서 제공하는 과목을 선택하여 듣게 됩니다. 특히 2학년 1학기에는 각 학부에서 제공하는 4개의 대표 과목을 모두 이수하게 됩니다. 이를 통해 각 학부 전공의 특성을 이해하고 이후 어느 전공을 자신이 택할 것인지를 결정할 때 도움을 주도록 설계 했습니다.

　모든 전공은 각 학부에서 제공하는 전공기초와 전공선택 과 목 중에서 7개 과목을 이수하게 되면 졸업할 때 전공으로 인정 합니다. 융합능력을 키우기 위해서 자신의 전공학부를 넘어서 다른 학부의 과목을 듣도록 권장하고 이를 바탕으로 도시문제 해결 프로젝트나 캡스톤 디자인 프로젝트를 효과적으로 수행 할 수 있게 지원합니다. 졸업 이수 학점인 120학점을 넘어서 두 개 학부에서 7과목을 이수하면 복수전공으로 인정합니다. 자 신의 전공학부에서 7과목을 이수하고 다른 학부에서 5과목을 이수하게 되면 주전공과 부전공으로 인정받게 됩니다.

　더 나아가 자신이 원하는 자기설계 전공도 가능합니다. 데이 터 과학과 인공지능 과목을 듣고 비즈니스 혁신 과목을 들어서 데이터 사이언스 경영 전공을 만들 수도 있습니다. 네 개 학부 의 전공을 다양하게 듣고 학부를 졸업할 수도 있습니다. 이 경 우 교과운영위원회의 지도를 통해 전공을 설계하고 위원회의 승인을 받아서 적절한 전공을 부여 받을 수도 있습니다.

국가 순환형 글로벌 경험학습은 2학년 2학기부터 시작됩니다. 이러한 글로벌 경험학습이 시작되기 전에 2학년 1학기까지 모든 학생들은 영어와 자신의 모국어를 제외한 두 개의 제2외국어와 컴퓨터 언어를 중급 이상 수준으로 이수해야 합니다. 예를 들어 한국 학생의 경우는 중국어, 일본어, 러시아어의 초급과정을 이수하고 졸업때까지 중급 이상의 자격시험을 통과해야 합니다. 이처럼 사전에 외국어 능력을 갖추게 되면 글로벌 경험학습을 하기 위해 외국에 체류하게 될 때 체류하는 국가의 문화와 사회를 보다 깊이 이해할 수 있게 되기 때문입니다.

파이선 Python 과 같은 컴퓨터 언어도 중급 수준으로 습득하게 되면 데이터 사이언스와 인공지능 학부의 과목을 수강하는 데 용이합니다. 그리고 메타버스 캠퍼스와 같이 가상 공간에서 자유로운 활동이 가능하게 됩니다. 메타버스 캠퍼스 안에 친구들과 동아리방을 만들어 운영할 수도 있고 수업과 관련된 다양한 프로그램들을 만들어 활동할 수도 있습니다.

태재대학교에서는 미래가 디지털 사회로 진입하게 되기 때문에 지적 능력지수인 IQ *Intelligence Quotient*와 감성 능력지수인 EQ *Emotional Quotient*를 넘어 디지털 능력지수인 DQ *Digital Quotient*를 높이기 위해 컴퓨터 언어를 습득하도록 하는 것입니다.

2학년 2학기부터 시작되는 글로벌 경험학습은 한반도를 둘러싼 강대국에서 한 학기씩 체류하며 체험학습을 하게 됩니다. 매 학기 미국, 중국, 일본, 러시아의 주요 도시의 레지던스에 체류하면서 전공과목을 이수하고 도시문제해결 프로젝트와 글로벌 소사이어티 *Global Society*및 글로벌 인게이지먼트 투어 *Global Engagement Tour*와 같은 과목을 이수하게 됩니다.

미국의 경우를 예로 들면, 뉴욕의 레지던스에 체류하면서 어떻게 뉴욕이 글로벌 경제의 중심 도시가 되었는지 그 역사를 배우고 현장 체험을 합니다. 또한 미국 독립의 현장인 보스턴, 필라델피아를 방문하여 독립의 발자취를 살펴보고 미국 건국의 아버지들이 어떻게 대통령제와 삼권분립 제도를 만들어서 기존의 왕정체제를 바꾸어 새로운 민주적 정치체제 모델을 제시했는지 학습하도록 합니다.

그리고 워싱턴 D. C.에서 미국연방정부 시스템을 이해하고 20세기에 최첨단 기술을 개발한 NASA와 같은 기관을 방문하여 최초로 인류를 달나라에 보낸 도전정신을 체험하게 합니다. 200여 년 전에 비슷한 국토의 크기로 미국과 캐나다, 브라질이 출범했는데 왜 미국이 세계 최강국이 되었는지, 리더들은 어떤 순간에 어떤 문제해결 방법으로 미국을 최강국으로 만들었는지를 탐구하는 과정이 스터디 투어의 목적이 됩니다.

이러한 현장 체험을 위해서는 글로벌 소사이어티 수업을 통해 사전에 각국의 역사, 문화, 사회시스템을 이해하도록 교육을 받게 됩니다. 학생들은 이러한 기초지식을 바탕으로 자신들이 필요한 지식을 확보하여 현장에 가서 살펴보아야 하는 내용들을 미리 기획합니다. 역사적 현장을 방문해서 각국이 그 당시 어떠한 문제들에 직면했는지 살펴보고 해결방안에 대하여 논의합니다. 이러한 경험학습은 수업 시간에 얻지 못하는 많은 문제해결 능력을 배양하는 데 큰 도움을 줄 것입니다.

모든 수업은 레지던스나 카페나 도서관 등 편리한 장소에서 온라인으로 참여합니다. 미국, 영국, 캐나다 등 전 세계에 있는 교수들로부터 온라인 수업 시스템을 통해 토론하는 수업에 참여하게 됩니다. 해외에서 글로벌 경험학습을 하는 동안에도 이와 같은 온라인 수업은 서울에서 받는 수업과 동일하게 진행됩니다. 학생들은 각 도시와 국가를 체험하면서 공동으로 레지던스 생활을 하기 때문에 서로 다른 문화를 이해하고 협력하는 능력을 키울 수 있습니다.

한국 학생들뿐 아니라 미국, 중국, 일본, 러시아, 유럽 등의 나라에서 온 학생들과 함께 레지던스에서 생활하고 동아리 활동을 할 때 다양성에 대한 이해와 공감 능력이 함양될 것입니다. 2025년부터 동경, 뉴욕, 심천, 북경, 모스크바 등의 레지던스 시설에서 글로벌 현장체험 학습이 진행될 예정입니다. 매 학기 해외에서 진행하는 2년간의 현장체험은 글로벌 리더로서 상이한 문화와 사회를 이해하는 데 매우 중요한 기능을 할 것입니다. 서울의 레지던스 생활뿐 아니라 각국의 도시 캠퍼스 레지던스에는 학생들을 관리하고 지도하는 어드바이저와 어시스턴트들이 있습니다. 또한 그 나라 출신 학생들은 Work & Study 장학 지원 프로그램을 통해 다른 나라 출신 학생들이 레지던스 생활을 하는 데 도움을 주거나 그 나라 문화 및 사회 시스템에 익숙하도록 안내하는 지원 업무를 담당합니다.

이처럼 공동생활과 체험학습은 학생들에게 태재대학교가 지향하는 개인적 역량과 사회적 역량을 내재화시키는 좋은 시스템이 될 것입니다.

3. 최우수 글로벌 교수진

태재대학교의 전임교수진은 전 세계 어디에서나 수업을 진행할 수 있습니다. 개교를 앞두고 2022년 미국의 교수 채용 웹 사이트 Interfolio를 통해 교수초빙을 진행한 결과 전 세계에서 191명이 지원하여 그 가운데 9명의 교수를 선임했습니다. 하버드, 스탠퍼드, 프린스턴, 캠브리지 등에서 박사학위를 받은 모두 뛰어난 업적과 능력을 갖춘 교수진입니다. 국적별로는 한국을 포함하여, 미국, 영국, 캐나다 등 다양한 국가 출신으로 1학년 혁신기초과목을 담당하고 있습니다.

2023년 9월 개교이후 혁신기초학부뿐 아니라 전공과목을 담당할 최우수 교수진 초빙이 진행되고 있습니다. 2023년 하반기에는 인문사회학부 1명, 자연과학학부 2명, 데이터과학과 인공지능학부 3명, 비즈니스혁신학부 2명 등 총 8명을 모시는 초빙공고를 Interfolio에 게재했습니다. 현재 하버드, 버클리, M.I.T., 컬럼비아, 캠브리지를 비롯한 192명의 우수 대학 박사학위 출신자들이 지원하여 심층 인터뷰를 통해 3명의 신임교수를 초빙했습니다.

태재대학교는 총 40명의 전임교수 초빙 계획을 갖고 있습니다. 이들은 전 세계에서 자신이 맡은 혁신기초과목이나 전공과목 교과 수업을 담당하고 학생들을 지도합니다. 온라인상에서 학생들과 긴밀한 유대관계를 맺고 메타버스 캠퍼스에서 학생 상담 시간인 오피스 아워 *Office Hour* 를 운영하며 학생들과 개별 상담을 하는 등 다양한 소통이 가능하도록 합니다.

그리고 매해 한두 차례 서울에서 열리는 워크숍 기간 중 학생들과 교류하는 기회를 갖게 됩니다. 한국에 체류하는 교수들은 서울에 있는 레지던스에서 학생들과 수시로 교류하면서 상담하고 지도하는 시간을 갖고 있습니다. 글로벌 레지던스의 경우도 교수들이 지원하여 학생들과 함께 해당 국가에서 한 학기 체류하기를 원하면 레지던스에서 학생들과 현장체험을 하며 교류하게 됩니다.

전임교수뿐 아니라 해외 유명대학의 저명한 교수들을 겸임교수로 임명하여 수업을 담당하는 겸임교수제 *Affiliate Professorship* 를 두고 있습니다. 미국 동부의 아이비리그, 서부의 스탠퍼드, 버클리, 영국의 옥스퍼드, 캠브리지 등 우수 대학의 교수들 가운데 미래 교육에 관심을 가진 교수들은 겸임교수로 임명되어 수업을 담당하게 됩니다. 주로 전공과목을 가르치는 교수들을 다양한 유명 대학에서 초빙하여 수업을 담당하게 하고, 비즈니스 혁신학부나 데이터 과학과 인공지능학부에서는 해당 분야의 박사학위를 갖고 현업에 종사하는 CEO나 스타트업 창업자 등과 같이 이론과 실무를 겸비한 전문가를 겸임교수로 채용하여 학생들을 지도하도록 합니다. 이들의 경험은 학생들의 구체적인 문제해결 능력 함양에 큰 도움을 줄 뿐만이 아니라 앞으로의 진로 모색에 좋은 롤모델이 될 것입니다.

다음으로 세계적으로 명성이 높은 석학교수를 초빙하여 특강을 열고 학생들과 토론하는 글로벌 석학 위원회 *Global Eminent Scholar Council* 제도를 두어서 우수 학자들을 초빙하고 있습니다. 현재 예일, 스탠퍼드, 시카고, UCLA, 그리고 일본 등에서 가르치는 대학

교수들이 참여를 수락해서 협약을 완료했습니다. 이들 글로벌 석학들은 학생들에게 공개강의를 제공하고 토론하면서 새로운 학문적 관심을 불러일으킬 것입니다. 석학교수들이 세계를 선도하는 새로운 아이디어와 문제의식을 학생들과 공유할 때 학생들의 지적 호기심은 더욱 커질 것으로 생각됩니다.

평범한 학생이었던 허준이 교수가 수학계의 노벨상인 필즈상을 수상하게 된 계기는 우연히 서울대에서 노벨상급 석학 초청 강의를 들은 것이라고 합니다. 1970년에 필즈상을 받은 일본의 수학자 히로나카 헤이스케(広中平祐) 교수의 특강을 듣고 매료되어 물리학에서 수학으로 방향을 바꾼 것입니다. 이처럼 세계 석학교수의 특강은 인생의 새로운 길을 열어주는 계기가 될 수 있습니다.

태재는 미래의 꿈을 실현하기에 훌륭한 특강 하나가 단초가 된다는 사실 또한 놓치지 않습니다. 글로벌 석학위원회 제도는 태재대학교의 학생들이 이런 가능성을 만날 수 있는 기회를 제공하기 위해 마련된 것입니다.

끝으로 전 세계의 뛰어난 지도자들을 모셔서 특강을 진행하는 글로벌 리더스 포럼 *Global Leaders Forum* 에는 반기문 전 유엔 사무총장을 비롯하여 한승수 UN 의장단 협의회 회장 및 전 현직 해외 국가 수반 등이 참여할 예정입니다. 글로벌 화합과 지구생태계 지속가능성에 대한 이슈들을 세계적 리더들과 함께 논의하고 해결방안을 모색해보는 프로그램이 진행됩니다.

제1기 학생들의 입학식에서도 반기문 총장을 비롯하여 한승수, 정운찬, 김황식, 정세균 등 우리나라 전직 총리 네 명이 축사로 신입생들을 환영해 주었고, 이주호 교육부장관, SK그룹의 최태원 회장, 서울대 유홍림 총장, KAIST의 이광형 총장, KAUST *King Abdullah University of Science and Technology* 의 토니 챈 *Tony Chan* 총장 등 국내외 여러 리더들이 학생들의 태재대학교 입학을 축하했습니다.

또한 하버드 대학교에서 사회대학 학장을 역임하고 미네르바대학교에서 초대학장이었던 스티븐 코슬린 하버드 대학교 인지심리학 명예교수가 태재대학교 국제자문위원장을 맡아서 전 세계에서 미래 고등교육의 전문가들로 구성된 국제자문위원회를 이끌게 됩니다. 미국과 유럽 및 아시아의 주요 고등교육전문가들이 참여하여 미래 고등교육의 방향에 대해서 심도 있는 자문을 하게 됩니다.

태재대학교 개교와 함께 열린 2023 Taejae Future Education Forum은 코슬린 교수와 김용학 전 연세대학교 총장이 공동위원장으로 참여한 태재대학교의 국제학술회의였습니다. 2023년에는 이주호 교육부장관을 비롯하여 스탠퍼드 대학교 등 전 세계의 주요 교육계 인사들이 참여했습니다. 스탠퍼드 대학교 컴퓨터과학과 다프네 콜러 *Daphne Koller* 교수를 비롯하여 알렌인공지능연구소 *Allen Institute for AI* 의 대표이자 워싱턴 대학교 명예교수인 오렌 에치오니 *Oren Etzioni* 교수, 캐나다 브리티시컬럼비아 대학교 컴퓨터학과 크리스티나 코나티 *Christina Conati* 교수, Relay Graduate School of Education의 노먼 엣킨스 *Norman Atkins* 설립자 등이 참여하여 AI교육의 미래에 대해 대담과 연설을 했습니다.

교육기술 분야의 대표들로 마인드스톤 *Mindstone* 의 설립자인

조슈아 홀 *Joshua Whole* 대표, 마스터클래스 *Masterclass* 의 공동창업자인 에런 라스무센 *Aaron Rasmussen* 대표 등 글로벌 학자 및 전문가들이 참여하여 인공지능의 등장에 따른 교육의 미래에 대해 논의했습니다. 국내에서도 KAIST 등 여러 대학에서 참여하여 교수진의 발표와 워크숍 세미나를 통해 미래 교육에 대한 새로운 방법론 등에 대해 논의했습니다.

태재대학교는 향후에도 태재미래전략연구원과 조선일보와 공동주최하고 교육부가 후원하는 형태로 미래교육에 대한 논의를 하는 국제학술행사를 매년 개최합니다. 태재대학교 국제자문위원회의 위원들도 올해에 이 행사에 참여해서 토론을 했는데 앞으로도 많은 자문위원들이 참여하게 될 것입니다.

2023년에는 ChatGPT의 등장으로 인공지능이 세상을 바꾸는 혁명적인 변화가 시작되었기 때문에 인공지능이 고등교육에 미치는 영향과 전망에 대해 글로벌 포럼을 열었습니다. 향후에도 미래교육의 변화에 대한 많은 논의를 태재대학교가 선도해 나갈 것입니다.

"

더 이상
연구만 하는 교수는
되었었다.

"

태재대학교의 전임 교수제는 기존 대학의 전임교수제와 많이 다릅니다. 일반 대학에서는 교수들이 자신의 전공분야에 대한 수업을 교수방법과 크게 상관없이 가르치게 됩니다. 하지만 태재대학교에서는 학생들의 학습효과를 극대화하기 위해 교수들이 태재대학교가 추구하는 교육 방법을 숙지하고 이에 따라 수업을 운영하게 됩니다.

태재대학교는 지식을 전수하는 수업이 아니라 지식을 내재화하고 문제해결 능력을 키우는 수업을 하기 때문에 학생들과 상호작용하고 토론하는 능동학습 교육 방법을 숙지합니다. 이를 위해 모든 전임 교수들은 태재대학교 교수로 임용된 후 바로 수업을 하는 것이 아니라 수업 시작 전 교육관련 워크숍에 참여합니다.

2023년에는 신임교수들이 12주 동안 일주일에 두 번에 걸쳐 각 100분씩 강의 방법, 강의 시연 등의 내용을 중심으로 워크숍에 참여했습니다. 이 워크숍은 코슬린 *Kosslyn* 교수의 Active Learning Sciences, inc.와 태재대학교의 교육혁신원이 공동으로 기획하여 운영합니다. 이곳에서는 수업계획서뿐만 아니라 철

"

교수 1명이 담당하는 학생 수,
20명 VS 2명
어디를 선택하시겠습니까?

*2023년 SKY 대학 전임교원
1인당 대학생 수 약 19.9명
(서울대 15.45명 연세대 21.57명 고려대 22.76명),
태재대 전임교원 1인당 대학생 수 약1.7명

"

저하게 준비된 학습계획 *Lesson Plan* 을 제공받아 교수가 이를 중심으로 학생들에게 토론을 유도하면서 수업을 진행하는 방법을 익히게 됩니다. 특히 태재대학교의 모든 교과목은 온라인 능동학습 방법에 의한 토론 및 프로젝트 수업으로 구성되어 있기 때문에 이를 효과적으로 운영할 수 있는 교육방법론을 사전에 교수들이 반드시 습득해야만 합니다.

이런 준비과정을 거쳐 수업이 시작되면 온라인으로 진행되는 모든 수업은 전 과정이 녹화되어 교육혁신원에서 분석 평가한 다음 매주 학부장 주관으로 열리는 회의에서 수업운영에 대한 피드백과 개선방안에 대해 논의합니다. 또한 자신들이 담당한 교과목에 대해 새롭게 교과운영을 개선하기 위해 전체 교수진과 학부장들이 참여하는 워크숍을 교육혁신원이 주관하여 매년 개최합니다.

더 나아가 미리 준비된 수업계획서 *syllabus* 는 전공과 관련된 교수들이 사전에 기획하여 준비하고 교과목평가위원회 *Course Review Committee*에 의해 관련 분야 교내외 전문 분야 교수들이 참여하여 분석하고 평가한 다음 수업계획서를 수정 보완합니다. 이렇게 마련된 수업계획서에 따라 매주 분 단위로 구체화된 레슨플랜을 바탕으로 수업을 진행합니다. 따라서 교수들은 단순히 지식을 전달하는 강의가 아니라 학생들이 토론에 참여하여 지식을 내재화하는 과정을 잘 이끌어주는 촉진자 *facilitator* 역할을 담당합니다.

태재대학교에는 교수들의 정년보장제가 없고 3년마다 교수의 수업과 관련된 교육 성과와 대학 내 업무평가를 바탕으로 재계약을 결정합니다. 연구업적 평가 항목 대신 수업과 학생지도 등 교과, 비교과, 그리고 기타 대학 업무수행에 따른 평가만으로 교수평가가 이루어집니다. 태재대학교 교육에 있어서 무엇보다 중요한 가치는 학생 한 명 한 명의 역량을 키워주는 맞춤형 교육에 최적화된 교육시스템이기 때문에 교수평가가 연구보다는 교육에 초점을 맞추고 있습니다.

4. 학생 성공을 위한 21세기형 학습지원 시스템

전통적인 대학의 조직은 일반적으로 교수와 학생, 그리고 행정직원으로 구성되어 있습니다. 그리고 학생들을 지원하는 상담센터나 경력개발센터 등과 같은 조직은 교수들이 보직의 개념으로 그 기관의 장을 맡게 되고 행정직원들이 이를 보조하는 행정 시스템으로 조직되어 있습니다.

하지만 태재대학교는 학생 성공을 위한 개별 맞춤형 지원체제 시스템을 전문가 중심의 별도 조직으로 강화했습니다. 태재대학교는 다양한 교과, 비교과 학습지원을 위해 해당분야 전문가들로 구성된 보다 전문적인 학습지원 시스템을 구축했습니다. 교수들은 교과 수업에만 전념하고 학습지원 시스템을 위해서는 이것만 전담하는 교수와 전문연구원으로 조직이 구성되어 있습니다.

태재대학교의 학습지원 시스템은 주요한 5개의 기관과 10여 개의 센터로 구성되어 있습니다.

1) 교육혁신원 *Education Innovation Institute*

교육혁신원은 태재대학교의 수업과 학습을 지원하는 전문조직입니다. 교육공학 전공 교수와 박사, 석사 연구원들로 구성되어 수업과 관련된 학습지원을 합니다. 매 학기 모든 교과목의 수업계획서와 레슨플랜 작성을 도와주고 작성된 내용을 검토하여 분석 평가하고 교수들에게 피드백을 합니다. 그리고 신임교수들의 교육 방법이나 LMS 활용방법 등에 대한 워크숍과 매년 관련 교과목 운영의 교육내용 및 방법에 대한 워크숍을 주관합니다.

모든 온라인 수업을 녹화하여 분석 및 평가한 후, 교수진과 학생들에게 피드백을 제공합니다. 교과수업에 관련된 다양한 통계분석을 통해 교과학습의 질을 제고하고, 교수들에게는 효과적인 교수법과 학생지도 등에 대한 내용을 조언합니다.

학생들에게는 6개의 태재대학교 핵심역량을 중심으로 개개인의 장단점에 대한 분석된 자료를 제공하여 개선방안을 지도합니다. 태재대학교만의 고유한 학습관리시스템 *LMS*인 Canvas와 Engageli를 연결시킨 교육 시스템을 통해 수업 운영을 최적화하고 최선의 학습지원 시스템을 제공합니다. 이를 활용하여 다양한 교과 관련 통계를 분석하고 축적합니다. 학습관리시스템 자료를 활용하여 학생이 졸업할 때까지 수강한 교과수업과 비교과수업 내용에 대한 체계적인 분석과 평가를 제공합니다. 이렇게 축적된 교과관련 통계는 학생들이 졸업 후 커리어를 선택할 때 효과적으로 활용되고, 후배들의 경력개발을 위해서도 좋은 참고자료로 활용됩니다.

아울러 교육혁신원에서는 교과관련 수업에서 발생하는 다양한 문제들을 해결하고 지원하는데, 학습 진도가 늦어지는 학생이나 토론 참여나 프로젝트 참여에 어려움이 있는 학생들에게는 개별적으로 학습지도를 해줍니다. 토론그룹 *discussion group*을 만들어 수업 전과 후에 주어진 과제를 이해하고 수업 시간에 활발한 토론을 사전에 준비할 수 있도록 지원합니다.

또한, 이를 통해 학생들이 수업 중 자신의 의견을 잘 정리하여 발표하고 토론할 수 있게 도와줍니다. 영어 토론 능력이 부족한 학생들에게는 English Proficiency Center의 교수가 개별 또는 그룹별로 수업 전후로 영어토론을 지도하여 줍니다.

교육혁신원에서는 교수평가도 담당합니다. 교수들이 수업 시간과 수업 외 시간에 얼마나 효과적으로 학생들을 지도했는지를 중심으로 평가합니다. 매 수업 시간 Engageli를 통해 분석된 수업 관련 데이터와 녹화된 수업내용을 중심으로 학생을 얼마나 효과적으로 토론에 참여하게 했는지를 평가합니다. 또한 학생들로 하여금 수업내용에 대해 흥미를 가질 수 있도록 어떤 동기부여를 했는지도 중요한 평가대상이 됩니다. 교수가 수업에서 토론과 문제해결 과정을 얼마나 매끄럽게 이루어지게 유도하는지 토론이 끝난 후 이를 정리하는 과정에서 얼마나 효과적으로 이를 종합하고 학생들에게 적절한 피드백을 제공하는지도 평가합니다. 그리고 학생들의 수업관련 과제물 등에 대한 내용이나 평가의 적절성에 대해서도 평가합니다.

　교육혁신원에서는 학생들의 역량이 얼마나 향상되었는지를 분석합니다. 교육기획팀에서 개발한 평가 방법과 지표에 따라서 학생 개개인의 각 역량이 어떻게 발전하는지를 4단계의 과정을 중심으로 평가합니다. 평가는 두 가지의 관찰 방법을 통해 이루어지는데 역량과 관련하여 학생의 구체적인 행동이 얼마나 자주 나타나는지를 관찰하는 행위빈도고과법 *Behavioral Observation Scales* 과 핵심역량을 수준별로 나누어서 각 수준에 해당하는 행동이 나타나는지를 평가하는 행동기준고과법 *Behavioral Anchor Rating Scales* 에 의해 평가합니다.

　태재대학교가 개발한 이러한 역량평가 방법은 학생들이 태재대학교의 교육을 받으면서 얼마나 각 역량이 성장하고 발전하는지를 체계적이고 구체적으로 보여줄 수 있는 지표가 될 것입니다. 4년의 교육과정을 마치고 나면 1학년 때 보여준 개인의 역량이 얼마나 성장했는지를 추적할 수 있습니다. 이러한 역량에 대한 평가는 학생들이 대학원에 진학하거나 직장에 취업할 때 단순히 교과목 이수 학점에 대한 평가뿐 아니라 학생이 가진 개별적 역량 수준에 대한 정보를 제공해줄 수 있습니다. 또한 학생들이 각 역량에 대해 학년이 올라갈수록 얼마나 성장했는지도 알 수 있는 중요한 지표가 될 것입니다.

태재대학교는 전공 교과목 이수 여부에 따른 학생의 능력보다 내재화된 역량을 함양시키는 교육을 하고 이를 객관화하여 역량개발 교육을 체계화하는 시스템을 갖추고 있습니다.

2) 글로벌선도원 *Global Initiative Institute*

글로벌선도원은 글로벌 참여활동과 관련된 학습을 지원합니다. 글로벌 인턴십 등 글로벌 프로그램의 전문성을 갖고 있는 교수와 박사급 전문가들로 구성된 지원 조직입니다. 태재대학교는 최고의 글로벌 엘리트 인재 육성을 목표로 하기 때문에 글로벌선도원의 각종 글로벌 참여프로그램은 교과수업 못지않게 중요합니다.

글로벌선도원은 글로벌 경험학습을 글로벌 소사이어티 및 글로벌 인게이지먼트 투어 그리고 도시문제해결 프로젝트에 대해 학점을 부여하는 교과를 운영합니다. 아울러 학생들이 해외로 이동하는 경우 비자 문제 등 다양한 해외체류 활동을 지원합니다. 해외 레지던스 생활을 위해 현지의 어드바이저와 어시스턴트가 지원활동을 하고, 박사급 전문가들이 도시문제해결 프로젝트를 이끌게 됩니다.

레지던스 생활은 1학년부터 2학년 1학기까지 서울에 있는 레지던스에서 생활하면서 서울의 도시문제해결 프로젝트 및 다양한 한국의 문화예술활동 체험을 하게 됩니다. 도시문제해결 프로젝트는 서울을 포함하여 글로벌 캠퍼스에 방문하게 될 도시들의 다양한 문제들을 조사하여 분석하고 이를 해결하기 위한 대안들을 마련하는 프로젝트입니다. 문제에 대한 분석을 위해 대상 기관들을 방문하고 관련 인사들을 인터뷰하게 됩니다. 이런 관계가 발전되면 방학 기간 중에 해당 기관에서 인턴십을 하게 되는 등 문제해결 과정을 통해 네트워크를 구축하고 이를 활용하게 됩니다.

현지에서 진행되는 글로벌 인게이지먼트 투어를 준비하는 단계에서는 구체적인 현장을 방문하기 이전에 방문할 현장과 관련된 역사적 배경과 맥락을 이해하는 것이 중요합니다. 이를 위해 전문가 특강을 듣고 글로벌 인게이지먼트 투어를 하게 될 나라의 역사, 문화, 사회와 관련된 자료를 읽고 비디오를 시청하는 등 사전 준비를 거치게 됩니다. 실리콘밸리 투어 및 유럽 문명사 그랜드 투어를 나갈 때 글로벌선도원에서는 학생들의 프로그램 기획 활동을 지원하고 현장학습 활동이 진행되는 과정에서 네트워킹이나 추진 일정에 대한 지원을 하게 됩니다.

실리콘밸리 투어의 경우 애플, 구글, 넷플릭스, 아마존, 유데미 등 글로벌 기업 방문 및 인터뷰를 사전에 기획하여 학생들에게 제공합니다. 실리콘밸리에서 활발하게 활동하고 있는 스타트업 기업들에 대한 정보를 제공하여 학생들이 원하는 스타트업 기업들을 방문하여 인터뷰하고 조사할 수 있도록 합니다. 학생들은 자신이 원하는 분야의 기업들을 방문하여 그들이 어떻게 신규사업에 진출하고 어떤 기술을 갖고 시장을 개척하는 시에 대한 조사 분석을 하게 됩니다. 더 나아가 실리콘밸리에서 인턴십의 가능성을 탐색하고 네트워킹을 지원합니다.

글로벌선도원에서는 학생들이 유럽 문명사 그랜드 투어를 할 때 서구 중심의 문명사가 탄생하게 된 배경과 르네상스와 산업혁명, 그리고 시민혁명이 이루어지는 과정에 대한 사전 강의 및 탐사 연구 프로젝트의 기획 및 수행에 대한 지원을 하게 됩니다. 그리스 아테네와 이탈리아 로마를 비롯하여 피렌체, 베네치아, 이스탄불 등 유럽 문명의 정수를 방문할 때 여행 지원 및 학습 프로그램 지원 등을 진행합니다.

태재대학교의 학생들은 글로벌 레지던스 활동과 도시체험, 그리고 글로벌 인게이지먼트 투어를 통해 국내 학생들뿐 아니라 다양한 외국인 학생들과 같이 생활하면서 다양성을 이해하고 공감 능력을 키우게 됩니다. 또한 외국 현지의 생활을 통해 주요 글로벌 도시의 현장을 체험하고 이를 통해 외국의 문화와 문물을 이해하는 능력을 키우게 됩니다. 이러한 체험학습을 통해 교과서에서만 배우던 내용을 구체적으로 몸에 익히는 능동학습이 가능해집니다.

3) 학생성공원 *Student Success Institute*

대학 교육의 목적은 학생 개개인이 평생 성공적인 삶을 누릴수 있도록 키워내는 것입니다. 이곳에서 학생의 성공은 단순히 취업이나 사회적 성공만을 지향하는 것은 아닙니다. 하버드대학교 심리학과 조지 베일런트 *George Vaillant* 교수 연구팀은 성인 발달 연구를 위해 1930년대 말 하버드대학교에 입학한 학생들의 삶을 70여 년간 추적하며 이들의 삶을 조사했습니다. 이 연구조사 결과를 바탕으로 출간한 베일런트 교수의 저서 『행복의 조건』에서 나타난 것과 같이 인생의 행복은 단순히 지적 능력의 탁월함이나 사회에서 엘리트로서 지위와 부를 축적한 것이 아니라고 합니다.

인생의 행복에 있어서 이런 사회적 출세는 수단에 불과하고 삶의 행복을 위해서는 다른 사람과의 관계성과 자신을 통제하는 절제 능력이 중요하다고 합니다. 고통에 대응하는 성숙한 방어기제, 꾸준한 교육, 안정된 결혼생활, 금연, 금주, 운동, 알맞은 체중과 같은 일곱 가지의 요소를 잘 관리한 사람들이 80

세가 넘어서도 행복한 삶을 누릴 수 있다고 분석했습니다.

이처럼 인생의 성공을 위해서는 개인의 전인교육이 무엇보다 중요합니다. 대학에서 단순히 일방적인 전공과목 강의만이 아니라 대학 활동을 통해 리더로서 성장할 수 있는 다양한 교과 및 비교과 학습으로 성공적인 삶을 위한 성숙한 인격을 함양하도록 해야 합니다.

이를 위해 태재대학교에는 심리학 전공교수를 비롯하여 상담 전문가 등 석 박사급 전문 인력으로 구성된 학생성공원이 학생들의 비교과 활동을 지원하게 됩니다. 학생성공원에는 세 개의 센터가 있습니다.

먼저 학생웰니스센터 *Student Wellness Center* 는 학생들이 학교생활 중 겪게 되는 다양한 문제들을 상담하고 인격적으로 성숙하게 될 수 있도록 돕는 기관입니다. 상담전공 심리학 전문가가 학생들이 문제가 있을 때 상담을 돕고, 보다 전문적인 상담이 필요할 경우 네트워크로 연결된 외부 전문기관의 도움을 받도록 합니다. 또한 비교과과정으로 학생의 심리적 안정과 인성 발달을 위해 다양한 프로그램을 진행합니다.

다음으로 리더십과 경력개발센터 *Leadership & Career Development Center*에서는 학생 개개인의 적성과 진로희망 사항을 상담하고 이를 바탕으로 졸업 후 경력개발을 지원하고 다양한 리더십 훈련을 수행합니다. 리더가 갖추어야 할 역량을 교과과목을 넘어서 비교과과목으로서 체험적 수업을 진행합니다. 이를 체계적으로 분석하고 정리하여 학생들의 경력개발에 활용하도록 개별적으로 지원합니다.

또한 사회가치센터 *Social Value Center*에서는 글로벌 리더십을 함양하기 위해서 캠퍼스내외의 활동을 통해 UN 지속가능개발목표 *SDGs*와 같은 인류공영을 위한 사회적 가치를 실현하는 교육 프로그램을 제공합니다. 21세기 글로벌 화합과 지속가능성의 역량을 키우기 위해 단순히 교과과정 수업뿐 아니라 비교과활동으로 사회적 가치를 내재화하기 위한 훈련을 하게 됩니다.

이외에도 학생들이 자발적으로 리더십 활동이나 대외 학술 활동에 참여할 수 있도록 지원 프로그램을 운영합니다. 다양한 외부장학금에 대한 정보를 제공하고 외부장학금 지원을 주선해주고 외부 경진대회에 출전하는 학생들을 지원하는 역할을 합니다.

4) 대학아이덴티티원 *University Identity Institute*

대학아이덴티티원은 태재대학교의 브랜드 이미지를 창출하고 이를 대외적으로 확산시켜 대학의 가치를 높이는 역할을 합니다. 이곳에는 두 개의 센터가 있는데 하나는 디자인센터 *Design Center* 이고 다른 하나는 대외협력센터 *Public Encounter Center* 입니다.

디자인센터는 태재대학교의 교육환경과 학습지원을 위한 각종 디자인을 제작하고 지원합니다. 온라인 교육을 위해 시각디자인을 지원하여 교육의 효과를 극대화합니다. 태재대학교의 브랜드 가치를 높이기 위해 다양한 시각화 노력을 하고 디자인을 통해 태재의 정체성을 나타내는 역할을 합니다. 태재대학교 시설 및 인프라와 관련된 디자인 요소를 정립하고 이를 통해 일관된 태재만의 가치를 보여주어 차별화가 드러나게 됩니다. 특히 온라인 교육을 위한 디자인적 요소를 강조합니다. 대부분의 수업이 온라인상에서 이루어지기 때문에 학습 과정에서도 많은 디자인적 특성이 드러나게 됩니다. 태재의 미래지향적 디자인 특성은 태재 구성원의 자긍심을 높이는데 기여합니다. 다양한 문양이나 굿즈 등에 적용되는 디자인을 통해 태재대학교의 차별성을 돋보이게 하고 태재구성원들의 자부심을 고양합니다.

대외협력센터는 홈페이지 운영 및 언론 관련 업무를 맡아서 태재대학교의 홍보 및 대외협력관계를 담당합니다. 온라인 대학으로서 태재대학교의 홈페이지는 내부 구성원뿐 아니라 외부와의 연결에서 매우 중요한 의미를 갖게 됩니다. 대외협력센터는 태재대학교의 구성원과 입시준비생, 학부모, 언론, 관계기관 및 다양한 대중들에게 태재대학교의 정확한 정보를 제공하고 공식적인 입장을 전달합니다. 태재대학교의 홈페이지를 통해 태재대학교 관련 각종 소식이 안내되고 대학관련 소통의 창구역할 또한 수행합니다.

태재대학교의 홈페이지는 기존 대학의 홈페이지와 다르게 태재대학교 구성원과 관계자들이 상호 소통하는 매우 중요한 창구가 됩니다. 더 나아가서 교수들과 연구원 스탭, 그리고 학생들이 웹사이트에 칼럼을 게재하는 등 기존의 홈페이지 웹사이트가 일방적인 정보 제공에 그치는 것을 넘어서 태재대학교 대내외 구성원들과 상호 소통하는 장이 됩니다.

태재대학교는 기본적으로 온라인 방식으로 소통하는 대학이기 때문에 기존의 오프라인 대학교의 운영방식과는 많은 차이가 있습니다. 전화로 소통하기보다는 이메일로 소통하고, 메타버스 캠퍼스와 같이 사이버 공간에서 활동하는 미래형 대학의 특성을 갖고 있습니다. 그렇기 때문에 홈페이지와 메타버스 캠퍼스 상에서의 다양한 활동들은 학생들이 사이버 공간을 얼마나 효과적으로 활용하는지 보여줍니다.

5) 교육콘텐츠원 Education Contents Institute

교육콘텐츠원에서는 교과 및 비교과를 지원하기 위한 다양한 학습 비디오를 스튜디오에서 제작합니다. 또한 학생들이 자체적으로 프로그램을 제작할 수 있도록 태재대학교의 스튜디오 활용을 지원합니다. 이를 위해 교육미디어센터와 콘텐츠기획센터가 있습니다.

교육미디어센터 *Education Media Center* 에서는 온라인 교육 프로그램 제작 전문가와 방송국 PD 출신 전문가들이 태재대학교의 최첨단 스튜디오를 통해 다양한 교육교재개발을 지원합니다. 교육미디어센터에는 두 개의 스튜디오가 있어서 교수들과 학생들이 다양한 미디어 콘텐츠를 제작할 수 있게 지원합니다. 스튜디오에서 제작된 콘텐츠들을 편집하고 교내외의 다양한 방송 및 촬영 업무를 지원합니다. 아울러 외부 기관들이 스튜디오를 임대하여 활용할 때 이를 지원해주는 역할도 합니다.

콘텐츠기획센터 *Contents Design Center* 에서는 전공교수들과 교육교재 개발 전문교수들이 교육비디오 제작 콘텐츠와 영상작업을 기획하고 시나리오 작가들과 함께 전문제작 시스템을 통해 다양한 태재대학교의 학습교재를 개발합니다. 모든 교과목에서는 죄소한 서니 개의 교육콘텐츠 프로그램이 제공될 것입니다. 구체적으로 관련 교과목의 특성에 맞는 주제를 선정하여 교육콘텐츠원의 교수들이 20분 정도의 다큐멘터리 비디오를 제작하여 제공합니다. 학생들은 사전에 이를 보고 교과목에서 생각해보아야 하는 주제들에 대한 호기심과 문제의식을 높이게 됩니다.

예를 들어 혁신기초학부의 '비판적 사고' 교과목의 경우 온도계의 측정에 대한 교육콘텐츠가 제작되었습니다. 물은 0도에서 얼고 100도에서 끓는 것은 잘 알고 있습니다. 그렇지만 56도의 물은 어떻게 측정할 수 있는지를 발견하는 것은 간단하지 않습니다. 많은 과학자들이 온도계를 만들어서 이를 정확하게 측정하는 방법을 고안하기 위해 노력을 기울여 왔습니다. 이 비디오 강의교재에서는 이런 방법들에 대한 사례를 소개하고 과학자들이 시도한 다양한 노력들의 적정성을 살펴볼 수 있게 합니다.

이외에도 예술과 정치 등 다양한 주제들에 대해 학생들이 호기심을 갖고 생각할 수 있게 교육콘텐츠 비디오를 만드는 작업을 교육콘텐츠원에서 수행합니다. 현재까지 교육콘텐츠원에서 제작한 비디오 강의교재의 주제들은 다음과 같습니다. '정체성과 서발턴', '젠더와 시녀 이야기', '가치와 다양성', '폭력, 생명, 민주주의', '언어와 관습', '위키피디아와 집단 지성', '번역과 매체', '정보와 지식', '데이터, 알고리즘, 인간', '오디세우스의 정념과 합리성', '미적분의 철학', '믿음, 기대, 모방', '평균적 인간, 인지, 대표성', '물리학의 시공간', '인간도 기계인가', '온도계와 진리', '마술과 과학', '개미는 이타적인가', '예술과 정치', '텍스트와 스타일', '서사의 토폴로지', '비장소와 그레고르 잠자'.

이렇게 만들어진 교육콘텐츠들은 태재대학교 디지털 라이브러리에 아카이브로 저장되어 활용됩니다.

6) 그 외의 기관들

태재대학교 학생들의 교과 및 비교과를 지원하기 위한 다섯 개의 주요 원 외에도 다양한 센터들과 교육기관들이 교수와 학생들의 교육을 지원하기 위해 구축되어 있습니다.

디지털 라이브러리 *Digital Library* 는 국내 도서 7만 권, 해외 도서 40만 권, 그리고 각종 Journal 논문들을 e-book 형태의 디지털화된 자료로 제공합니다. 교수와 학생들이 수업 및 비교과 프로그램에 필요한 모든 교재 및 자료들을 제공하고 태재대학교가 자체 제작한 콘텐츠 자료들을 체계적으로 정리한 학습 서비스를 제공합니다. 국회도서관과 국립중앙도서관 장서들을 이용할 수 있는 서비스가 제공됩니다. 교수와 학생들이 수업에 필요한 20만 개 이상의 Udemy 강의를 들을 수 있도록 지원하기도 합니다.

IT센터에서는 온라인 교육과 관련된 각종 IT 서비스를 제공합니다. 자체 서버 시스템과 클라우드 시스템을 활용한 실시간 온라인 교육이 전 세계에서 원활하게 진행될 수 있도록 지원합니다. 모든 수업에서 일어나는 IT 이슈들을 관장하고 수업에서 발생할 수 있는 LMS의 문제들을 실시간으로 해결해주는 서비스를 제공하고, 교과 및 비교과활동에서 발생하는 각종 데이터를 수집하고 정리하여 보관하는 역할을 수행합니다.

메타버스 캠퍼스센터*Metaverse Campus Center*는 태재대학교의 모

든 수업이 온라인으로 이루어지고 세계 각국에서 현장체험학습
이 이루어지는 특성을 고려해서 태재관을 중심으로 한 본교 캠
퍼스와 우주정거장을 모티브로 한 제2캠퍼스를 메타버스 환경
으로 조성하고 있습니다. 전 세계에서 수업이 진행되더라도 모
든 교수들과 학생들은 매일 메타버스 캠퍼스에 등교하여 모든
교과 및 비교과 활동에 참여하게 됩니다.

　이외에도 영어 수업에 어려움이 있는 학생들을 돕기 위한 영
어지원센터 *English Proficiency Center* 및 제2외국어 학습을 지원하기
위한 국제어학센터가 학생들의 외국어 학습활동을 돕고 있습
니다.

5. 글로벌 경험학습 *Global Engagement Program*

　태재대학교의 수업은 온라인으로 진행되지만 대부분의 캠퍼스 생활은 레지던스를 중심으로 이루어집니다. 학생들은 1학년과 2학년 1학기까지 서울에 있는 레지던스에서 기숙캠퍼스 *Residential Campus* 프로그램에 참여하고, 2학년 2학기는 동경, 3학년 1학기는 뉴욕, 2학기는 중국 심천과 북경, 4학년 1학기는 모스크바에 체류하고 4학년 2학기는 다시 서울로 돌아와서 졸업하게 됩니다. 현재 미국과 중국의 체류기간을 늘려서 학습하는 방안을 추진중이며, 미국 샌프란시스코와 뉴욕에서 각 한 학기, 중국 심천과 북경에서 한 학기를 보내는 방안도 고려하고 있습니다.

　태재대학교의 교육목표가 동양과 서양의 조화를 이룬 글로벌 리더를 양성하는 것이기 때문에 레지던스 생활은 서울에서 4학기, 21세기 글로벌 중심지역이 되는 동북아의 한반도 주변 강대국 미국, 중국, 일본, 러시아에서 각 1학기씩 기숙생활을 하면서 각 나라와 도시들의 특성을 체험하고 글로벌 현장학습을 진행합니다. 각 나라가 20세기와 21세기에 강대국으로 발전하게 된 역사적 배경을 탐구하고 각 나라의 중요한 유적지를 탐방하는 역사적 경험을 체험하게 합니다.

서울의 레지던스는 서울 시내 대학가 주변이나 중심가에 건립추진 중이며 레지던스 건립 이전까지는 현재 시내 호텔이나 스마트 오피스를 갖춘 레지던스를 임대하여 활용하고 있습니다. 동경, 뉴욕, 심천, 모스크바의 레지던스는 태재대학교의 자매대학인 대학의 레지던스나 대규모 기숙형 시설을 활용합니다. 기숙형 시설은 계약을 통해 학생들의 안전하고 편안한 레지던스 생활을 준비하고 있습니다.

레지던스 생활을 통해서는 다양한 나라에서 입학한 동료 학생들과 생활하면서 협동 정신을 키우고 더불어 사는 사회의 다양성과 공감 능력을 키우게 될 것입니다. 글로벌 레지던스에서 학생들은 글로벌선도원의 교수와 연구원들이 제공하는 다양한 비교과 프로그램에 참여하게 됩니다. 모든 레지던스에는 레지던스 매니저와 어드바이저가 상주하며 비교과 활동을 지도하고 학생들의 생활을 위한 지원업무를 맡게 됩니다.

각 나라의 글로벌 캠퍼스에서는 체류하는 도시의 특성과 관련된 도시문제해결 프로젝트를 수행합니다. 각 도시가 안고 있는 경제, 사회, 교통, 주거 등 다양한 문제들에 대해 그룹별로 프로젝트를 수행합니다. 도시의 문제를 분석하고 대안을 제시하는 프로젝트를 통해 비판적 사고와 창의적 사고 역량을 키울 수 있습니다. 정규 수업이 없는 시간을 활용하여 단순히 도시 생활 체험뿐 아니라 체류하는 도시의 문제들을 파악하고 이를 해결하기 위한 방안들을 프로젝트 형식으로 팀원들과 수행하게 됩니다. 또한 각 나라의 역사에 영향을 준 주요 역사 유적들을 탐방하여 이전 시대의 리더들이 어떻게 그 나라의 역사를 변화시켰는지 탐방하는 글로벌 인게이지먼트 투어를 실시합니다. 세계와 역사를 바꾸는 뛰어난 리더들의 비전과 도전의식을 당시의 문화적 배경을 통해 확인해가는 것은 태재대학교 학생들이 21세기 인류의 문제를 풀며 세계의 리더로 성장하는데 큰 도움을 줄 것입니다.

학생들은 한국을 비롯하여 미국, 중국, 일본, 러시아의 역사적 장소와 인물들을 만나게 될 것입니다. 20세기까지 서구가 주도해온 유럽 문명을 이해하기 위해서 4학년 1학기 마치고 5주 정도의 일정으로 유럽 문명사 그랜드 투어를 떠나게 됩니다. 그리스 아테네를 비롯하여 이탈리아 로마의 유럽 문명 발원지를 찾아보고 르네상스가 시작된 피렌체, 동서양 교역의 출발점이 되었던 베네치아, 동로마와 서로마가 만났던 이스탄불, 고대 문명의 발상지인 이집트 등을 돌아보며 유럽 문명의 근원을 파악합니다.

특히 21세기 초반까지 유럽문명이 현대문명의 근간을 이루었는데, 신 중심의 신본주의 중세를 거쳐 인간 중심의 문명인 르네상스를 통해 문명의 흐름이 이어졌음을 살펴보게 됩니다. 새로운 문화의 탄생이 인류의 문명을 어떻게 바꾸어 놓는지 그 현장을 살펴봄으로써 유럽 문명사의 근원을 체험하도록 하는 교육입니다. 학생들이 자발적으로 팀을 구성하여 사전에 철저한 투어 조사 작업을 통해 프로젝트 계획이 완성되면 현지 탐험과 인터뷰 등을 통해 프로젝트 결과물을 제출해야 합니다. 프로젝트 산출까지 모든 과정은 철저하게 학습적인 관점에서 이루어집니다. 현재 유럽 문명사와 마찬가지로 동양 문명사 그랜드 투어도 지원하는 계획도 준비하고 있습니다.

경계를 넘어
모험을 떠날 사람

6. 미래형 캠퍼스 라이프

태재대학교 학생들은 4년 전 과정을 레지던스에서 함께 생활하는 레지던스 칼리지 프로그램의 교육을 받게 됩니다. 태재대학교는 일반 대학과 달리 캠퍼스가 없이 모바일 환경에서 자유롭게 수업을 받기 때문에 레지던스가 캠퍼스 역할을 합니다. 그곳에서는 다양한 단체 비교과 교육프로그램이 운영되고 글로벌 참여 학습이 진행됩니다.

태재관과 레지던스를 제외한 많은 시설은 각 도시의 다양한 자원을 활용하게 됩니다. 피트니스 센터, 체육시설, 강당, 영화관, 공연장, 도서관 등은 도시 안에 있는 공공시설을 이용할 수 있습니다. 이제 미래는 공유경제의 개념으로 소유의 개념보다는 공유의 개념으로 바뀌고 있습니다. 대학이 독자적으로 시설을 독점하고 운영하기 위해 등록금의 많은 부분이 쓰이는 낭비를 줄이기 위해 공유경제의 활용방안은 매우 중요합니다. 태재대학교의 미래지향적 캠퍼스는 그래서 더욱 돋보입니다.

　제러미 리프킨*Jeremy Rifkin*은 『소유의 종말*The Age of access*』이라는 책을 통해 네트워크로 연결되는 접속의 시대에 인류사회가 개별적으로 소유하는 개념에서 공유경제로 이행되고 있는 것을 잘 설명하고 있습니다. 이제는 대학의 캠퍼스가 자체적으로 갖고 있는 시설이 아니라 공유경제의 개념으로 대학 소재 도시의 많은 시설들을 함께 사용하는 방식으로 변해야 합니다. 그렇게 함으로써 개방적이며 더욱 많은 시설을 사용할 수 있습니다. 하지만 캠퍼스를 자체적으로 갖고 있지 않는 경우 나타나는 유일한 문제는 캠퍼스 공간을 통해 선후배와 동료 학생들이 함께 활동할 수 있는 기회가 적다는 것입니다.

　이런 문제들은 함께 생활하는 레지던스 캠퍼스의 개념으로 해결될 수 있는데, 학생들이 전 세계에 흩어져서 2년간 현장체험 학습을 하게 될 경우 선후배 간 연결과 대학에 대한 일체감이 약화될 수 있습니다. 그래서 태재대학교에서는 메타버스 캠퍼스를 구축하여 전 세계 어디에 있든지 사이버 공간인 캠퍼스에 매일 들어와서 캠퍼스 라이프를 즐길 수 있게 만들었습니다.

메인 캠퍼스는 창덕궁과 태재대학교 본관인 태재관을 모티브로 만든 메타버스 캠퍼스로서 그곳에서 각종 수업과 비교과활동이 가능하도록 설계했습니다. 교수연구실, 수업이 진행되고 토론이 이루어지는 강의실, 그리고 디지털 라이브러리, 강당, 운동장, 영화관, 행정 사무실 및 모든 학생지원센터와 연구원들이 배치됩니다. 물론 대면의 연결과 소통 또한 각 지역의 글로벌 레지던스 캠퍼스에서 만남이 이루어집니다. Engageli로 진행되는 개별 수업들은 메타버스 캠퍼스에서 일단 접속하여 만나고 Engageli 프로그램으로 나와서 이루어질 수 있도록 기획하고 있습니다. 각종 활동에 대한 전시 공간, 교수 오피스 아워 상담 및 동아리 활동 등이 메타버스 캠퍼스에서 이루어질 수 있습니다. 영국 옥스포드 대학교 도서관 시설을 옮겨온 공간을 비롯하여 300개에 달하는 다양한 공간이 메타버스 캠퍼스에서 자유롭게 제공되어 활용할 수 있습니다.

전 지구적 문제를 다루는 토론과 강의 및 비교과활동들은 우주정거장을 모티브로 한 제2캠퍼스에서 지구를 내려다보면서 진행될 수 있도록 구상했습니다. 전 세계 지도자급 리더들과 학생들이 토론하는 경우 우주정거장 캠퍼스의 시설을 활용하게 됩니다. 기후변화, 인구문제, 교통 및 환경 이슈에 대한 논의들이 우주정거장 제2캠퍼스에서 이루어지게 될 것입니다. 최근 플라스틱 줄이기 캠페인을 태재대학교 학생들이 벌이고 있는데 이런 활동들은 제2메타버스 캠퍼스에서 더 많은 논의와 활동들이 이루어지게 될 것입니다. 이렇게 메타버스 캠퍼스를 활용하게 되면 전 세계 어디에서나 태재대학교 교수들과 학생 그리고 연구원 및 직원들이 활발하게 메타버스 캠퍼스에서 만나서 다양한 활동을 할 수 있습니다. 국가별 거리의 차이와 시간의 차이를 극복하여 캠퍼스 라이프를 공유할 수 있는 메타버스 캠퍼스는 태재대학교만의 차별화된 캠퍼스로서 계속 발전해 나갈 것입니다.

7. 포괄적 장학제도

태재대학교는 인재를 육성하기 위해 포괄적 장학제도를 통해 학생들이 재정적 어려움 없이 공부할 수 있는 여건을 제공합니다. 능력이 있는데 교육을 받지 못해 인재로 성장하지 못하면 그 사회의 큰 손실이 아닐 수 없습니다.

무엇보다 태재대학교는 국가장학금 5분위 이하의 학생들에게는 등록금, 레지던스비, 해외 체류비 등 학교생활을 하는 데 필요한 경비 전액을 지원합니다. 6분위 이상의 학생들은 수업료, 레지던스비 및 스터디 투어 및 글로벌 캠퍼스 체재비의 일부를 부담하도록 합니다.

하지만 6분위 이상의 학생 중에서도 재정적 지원이 필요한 경우 태재대학교 장학위원회에 신청을 하여 장학금을 받을 수 있습니다. 국내외 레지던스비도 일정 액수 이상의 비용에 대해서는 대학이 전 학생을 대상으로 보조합니다.

또한 학생들이 동료 학생이나 후배 학생들을 지도하고 학교의 프로그램에 필요한 경우 봉사활동을 할 때 work & study scholarship을 통해 장학금을 지원받을 수 있습니다. 다양한 연구원의 연구보조 업무 등을 하는 경우에 장학금 지원이 가능합니다.

실리콘밸리 투어나 유럽 문명사 그랜드 투어의 경우 여행에 필요한 경비 전액을 설립자 조창걸 이사장님의 특별 장학금으로 지원받게 됩니다. 더 나아가 태재대학교 졸업 후에도 졸업생들이 글로벌 리더로 성장하기 위해서 유수 대학원에 진학하는 경우 장학금이나 생활비가 부족한 경우 이를 지원할 계획입니다.

국제기구에 인턴 등으로 참여하거나 NGO 활동, 스타트업 창업 등의 경우 생활비 지원 장학금 프로그램도 운영할 계획입니다. 물론 이 경우 장학위원회에 지원하여 심사를 받아 선별적으로 장학금을 받을 수 있습니다. 태재대학교는 졸업할 때까지만 교육을 책임지는 대학이 아니라 학생들이 졸업 후에도 글로벌 리더로서 성장할 수 있도록 지원할 계획입니다.

인재를
키워내는
미래대학

어느 사회나 국가를 불문하고 소수의 인재가 사회를 이끌어 가게 됩니다. 지도자가 그 사회를 제대로 이끌지 못하면 그 사회는 혼란과 무질서에 빠져 위기를 맞게 됩니다. 21세기 문명사의 대전환 시기에 사회 리더들의 역할은 더욱 중요합니다. 동양과 서양의 지혜를 비판적이고 창의적으로 수용하여 미래를 개척해 나가는 리더들이 많아야 그 사회는 정체되거나 퇴보하지 않고 앞으로 나아갈 수 있기 때문입니다.

태재대학교는 21세기 급변하는 문명사의 대전환 시기에 비판적 사고와 창의적 문제해결 능력을 가진 인재를 키워낼 것입니다. 이런 인재상은 20세기 기능주의적 전문성을 강조하는 인재상과는 차별성을 보입니다. 단순히 좋은 직장을 얻고 출세하기 위해서 좋은 대학에 가는 것이 아니라 동서양의 변화를 읽고 미래를 준비하며 글로벌 마인드를 갖고 세상의 문제를 풀어나가는 인재가 필요하기 때문입니다.

예전에는 지덕체(智德體)를 사람이 배우고 갖추어야 할 덕목으로 삼았습니다. 단순한 지식이 아니라 지혜, 그리고 덕이 있는 인품과 건강한 육체를 단련하는 것이 인간이 성장하면서 갖추어야 할 교육의 목표였던 것입니다. 하지만 20세기 기능주의적 삶이 강조되는 산업화 사회에서 전문성을 앞세운 능력주의가 사회적 성공의 판단 기준이 되면서 '덕'과 '체'보다는 '지'가 가장 중요한 가치로 자리 잡게 되었습니다. 그것도 슬기와 지혜를 의미하는 지(智)보다는 형식적인 지식을 의미하는 지(知)를 배우는 것을 교육의 제일 목표로 삼게 되었습니다.

　이러한 형식지를 보다 많이 습득하는 것이 일류대학에 진학하고 좋은 직장에 취업하는 데 가장 중요한 수단으로 생각하고 지식을 암기하는데 많은 시간과 노력을 들이게 되었습니다. 하지만 보다 다양하고 복잡한 문제를 풀어야만 하는 21세기 사회에서 그러한 지식만을 갖춘 사람이 사회가 원하는 인재가 될 수는 없습니다. 기계문명이 등장한 이후 산업화 시대에는 육체노동 능력만으로는 뛰어난 인재가 될 수 없었던 것처럼 디지털 사회로 이행하면서 단순한 형식지를 많이 갖고 있는 능력은 그리 중요한 능력이 되지 못합니다. 더불어 사는 사회에서 공감

능력이 뛰어나고 미래의 불확실한 상황에서 통합적인 사고와
독창성을 갖고 문제를 해결하는 능력이 더욱 필요하게 되었습
니다.

1. 우리가 원하는 인재

태재대학교에서는 학업성적만 우수한 사람을 선발하지 않습니다. 물론 고등학교 학업성적은 그 사람의 성실성과 학업수행 능력을 보여주는 것이기에 무시할 수 없는 중요한 평가 요소입니다. 하지만 학업성적보다 더 중요한 것은 그 학생이 고등학교 시절이나 평소에 어떤 생각을 갖고 삶을 맞이하고 그것을 위해 어떤 준비를 해왔는가입니다. 비록 완벽하지는 못하다고 하더라도 청소년 시기에 삶의 의미와 목적을 이해하고 자신의 인생을 설계할 수 있어야 합니다.

그동안 대학입시 준비에만 매몰되어 삶의 진정한 가치를 고민해보지 못한 학생들이 대다수일 것입니다. 그러나 작은 일이라도 사회를 위한 일이나 리더로서 역할을 해본 경험이 있는 학생들이 미래의 인재가 될 가능성이 높습니다.

노르웨이의 영웅이자 탐험가인 프리드쇼프 난센 *Fridtjof Nansen* 을 기념하여 세운 난센 아카데미는 1994년 동계 올림픽이 열렸

•

던 노르웨이 릴레르함메르에 소재하고 있습니다. 고등학교를 졸업한 다음 1년 동안 철학, 세계평화, 안보정치, 예술사 등의 수업을 듣고 인생의 목표를 재점검한 다음 대학에 진학하는 학교입니다. 학생들은 정치와 철학, 문학과 철학, 국제정치, 창의적 글쓰기, 창의적 예술과 같은 5개의 프로그램을 선택하여 수업을 듣게 됩니다. 모든 학생들은 1년간 레지던스 생활을 하면서 교사, 동료 학생들과 다양한 동아리 활동을 하면서 단순히 지식이 아닌 자신의 삶과 사회를 이해하는 시간을 갖게 됩니다. 여름에는 동서양의 지식인들을 초청하여 동서양의 이해를 돕기 위한 평화담론 프로젝트를 실시합니다. 이처럼 단순한 지식의 전달이 아닌 변화하는 사회의 문제의식을 이해하고 이를 해결하기 위한 다양한 고민과 토론의 장이 바로 대학의 현장이어야 합니다.

탐험가 난센이 노르웨이의 학생들을 위해 세운 난센아카데미는 그러한 교육 철학 덕분에 고등학교를 졸업한 학생들을 1년 동안 훈련히는 곳으로 자리매김했습니다. 현재 약 20%의 노르웨이 고등학교 졸업생들이 난센아카데미에 진학하는 것으로 알려져 있고 정부에서도 이를 적극적으로 지원한다고 합니다. 그리고 난센아카데미를 거친 학생들이 유럽의 많은 대학으로 진학할 때에 아주 좋은 평가를 받아서 명문 유럽대학에 많이 입학한다고 합니다. 고등학교를 졸업한 다음 재수학원에서 수능성적을 올리기 위해 고생하며 경쟁하는 우리 학생들과는 너무 대조적인 모습입니다. 앞으로는 수능성적과 같은 학업성적이 아니라 인생의 목표를 바로 세우고 뜻을 갖고 대학에 진학하는 태재대학교가 노르웨이의 난센아카데미와 같은 교육기관의 역할을 담당하고자 합니다.

또한 태재대학교가 원하는 인재는 자신의 뜻을 세운 학생들입니다. 대학에 진학하는 것은 한 사람이 평생을 살아가기 위해 뜻을 세우고 그 뜻을 이루기 위해 훈련하고 준비하기 위한 것입니다. 대학을 취업을 위한 예비학교로만 생각하는 것은 지난 어려웠던 시절, 학위를 먹고 살기 위한 수단으로 여겼던 관습이 아직도 남아 있기 때문입니다. 이제 우리나라는 세계 경제 10위권의 선진국 대열에 들어갔습니다. 그러기에 선진국의 시민으로서 삶의 의미를 찾고 인류 공동체의 문제를 고민하는 인재들이 대학의 교육을 통해 배출되어야 합니다.

우리가 원하는 인재는 경쟁 속에서 살아남기 위해 잘 훈련된 인재가 아닙니다. 사교육 시장에서 정해진 정답을 잘 맞히도록 훈련 받은 인재를 원하지 않습니다. 사회에 대한 공감 능력이 뛰어나고 문제를 해결하기 위해 적극적인 자세를 가진 인재를 원합니다. 지적 호기심이 많고 스스로 배우고 깨우치려고 노력하는 인재를 원합니다. 자신의 잠재력을 대학에서 크게 키워내고 싶은 인재를 원합니다.

그래서 태재대학교에서는 입학시험을 관리하는 입학처를 두지 않고 아름다운 보석이 될 수 있는 잠재력 가득한 원석을 찾아내기 위해 인재발굴처를 설치했습니다. 인재발굴처에서는 좋은 학생들을 발굴하기 위해 다양한 연구와 분석을 하고 있습니다. 국내외 우수 고등학교를 방문하여 태재대학교의 교육을 소개하고 대재대학교의 비전과 미션에 공감하는 우수한 인재를 발굴하려고 노력하고 있습니다. 태재의 인재발굴 과정은 태재대학교에 지원하고자 하는 학생들을 대상으로 고등학교 과정에서 이수한 성적을 비롯한 리더십 능력 등 여러 가지 성취 업적들을 서류심사를 통해 선별해서 면접대상자를 가려냅니다.

면접대상자들에게 그룹토론 및 개인면접과 같은 심층면접을 통해 태재대학교의 교육이념에 걸 맞는 학생들을 발굴해내고 있습니다. 정원에 맞게 학생을 선발하는 것이 아니라 잠재력이 뛰어난 학생들을 정원 내에서 발굴하여 4년간 최상의 교육을 통해 미래 인재를 키워내려고 합니다.

2. 태재 인재들의 미래

우리가 키워내는 인재는 미래를 내다보고 글로벌 사회의 문제들을 해결하려는 강한 의지를 갖고 대학에서 교육과 훈련을 받아 스스로 환경을 개척해 나가는 인재입니다. 경쟁 속에서 홀로 살아남기 위해 애쓰는 인재가 아니라 더불어 사는 사회에서 다양성을 공감하며 사회를 바람직한 방향으로 변화시키겠다는 의지가 강한 인재를 키우고자 합니다. 21세기 인류가 마주할 다양한 문제들을 지혜롭게 해결하는 인재를 키워내야 합니다.

태재대학교가 키워낸 인재는 사회 적재적소의 분야에서 활약을 하게 될 것입니다. 우선 글로벌 기업에 취업하여 창의적이고 자기 주도적으로 문제해결 능력을 발휘하는 인재들이 나올 것입니다. 아마존, 구글, 애플, 삼성, 마이크로 소프트, 넷플릭스 등 많은 글로벌 기업에서 활약하는 인재들을 배출할 것입니다. 다음으로 UN, World Bank, UNESCO 등 국제기구에서 일을 하는 인재들을 보게 될 것입니다. 태재대학교에서 배운 혁신기초 역량을 바탕으로 글로벌 화합과 인류의 지속가능성에 대한 강한 문제의식과 성취동기를 가진 졸업생들이 국제기구에서 활약하게 될 것입니다. 또한 자신만의 문제의식을 갖고 사회를 바꾸고 새로운 기술과 서비스를 제공하기 위해 스타트업을 창업하는 학생들도 나오게 될 것입니다. 이외에도 NGO나 Think Tank와 같은 전문기관에서 활약하는 인재들을 배출할 것입니다.

이러한 고도화되고 전문화된 역량을 갖추기 위해서 국내외 유수 대학원에 진학하여 전공을 심화시키는 졸업생들도 많이 있을 것입니다. 태재대학교는 단순히 학부 교육을 통해 인재를 육성하는 것뿐 아니라 학생 개개인의 경력개발을 위해서 졸업 후에도 태재대학교가 키운 인재들을 지원하기 위해 졸업생을 위한 장학금 제도를 포함하여 다양한 프로그램을 통해 학생 개개인의 역량을 키워 성공으로 이끌 것입니다. 뛰어난 리더십을 가진 인재를 키워내는 일은 긴 호흡이 필요한 일이기 때문입니다.

태재가 배출하는 인재들은 단순히 자기 분야에서 개인적으로 성공하는 엘리트를 넘어서 인류사회에 공헌하는 인재들이 될 것입니다. 바로 미래의 지도자의 모습입니다. 동서양의 지혜를 겸비하고 사회공동체의 번영을 위해 노력하는 인재로 성장하며, 자기 주도적 문제해결 능력과 성숙한 인격을 갖추고 더불어 사는 사회에서 선도적 역할을 할 수 있는 역량을 함양해야 합니다. 지적 능력에서 뛰어난 역량을 발휘함과 동시에 이와 같은 사회적 역량을 갖추어야 국가와 인류공동체에 큰 도움을 줄 수 있는 리더로 완성될 것입니다.

태재대학교의 비전은 21세기 문명사적 대전환기에 인류 미래를 선도할 인재 양성을 통해 실현될 것입니다. 20세기를 뒤로 하고 새로운 길을 끊임없이 찾아가는 주도적인 리더들이 태재대학교를 통해 배출될 것입니다. 태재대학교의 모토인 "The Next Answer"처럼 태재대학교의 교육은 대학 교육의 혁신을 주도할 것이고 21세기 미래의 길을 찾을 수 있는 새로운 답이 될 것입니다. "The Next Answer is here at TaeJae!"

나가는 말

우리가 꿈꾸는 대학, 태재대학교의 탄생은 많은 지성들의 힘과 노력이 이루어낸 결실입니다. 21세기 대학교육의 새로운 혁신이 필요하다고 절감한 전직 대학총장 10여 명이 모여 미래의 대학교육에 대해 논의하기 시작했고 고등교육의 미래를 위해 함께 머리를 모았습니다.

디지털 혁명이 진행되고 미·중 갈등이 심화되는 과정에서 대학의 미래가 국가와 인류의 운명을 결정한다는 소신으로 조창걸 태재대학교 이사장님이 현재의 기금을 대학에 기부하지 않았으면 미래의 혁신적 대학의 출범은 불가능한 일이었습니다.

설립 준비단계에서 김도연 전 포항공대 총장님을 비롯하여 많은 대학의 지성들이 바람직한 대학의 미래상을 꿈꾸며 태재대학교의 설계도 초안을 마련하기 시작했습니다. 이 초안을 바탕으로 대학교육 현장에서 미래대학의 꿈을 공유한 여러 대학의 교수님들이 함께 모여 준비위원회를 결성하여 대학설립 인가를 위한 작업에 참여했습니다.

소련이 1957년 최초의 인공위성 스푸트니크 1호 발사에 성공하고 소련의 우주비행사 유리 가가린이 1961년 인류 최초로 보스토크 1호를 타고 우주 비행에 성공한 사실은 당시 미국으로서는 큰 충격이었습니다. 미소냉전이 심화되던 시기였기 때문이었습니다. 이 충격으로 미국은 1958년에 항공우주국 NASA를 설립해서 소련의 우주개발에 대항하기로 했습니다.

1961년 케네디 대통령은 취임하면서 달착륙 시도에 도전하겠다는 꿈을 펼치게 됩니다. 미국은 인류가 불가능하다고 생각되었던 꿈을 실현하기 위해 달 탐사선 아폴로 계획을 추진하고, 이를 위해 1963년부터 254억달러에 달하는 예산을 투입했습니다. 1967년에는 미국연방정부 예산의 무려 5.5%에 해당하는 자금이 NASA의 항공우주개발을 위해 배정되기도 했습니다. 아폴로 계획에 투입된 예산을 2023년 환율로 환산하면 1722억달러로 한화 206조원에 달하는 막대한 비용이 투입된 것입니다.

1961년 1월 취임 후 케네디 대통령은 5월 25일 의회 연설에서 "인간이 달에 착륙했다가 귀환하면 이는 인류에게 강렬한 인상을 심어줄 것이고, 장기적인 우주탐사 계획에 중요한 전환점이 될 것이며, 이를 위해 어려움과 막대한 비용을 감수할 것이다" 라고 강한 포부를 밝혔습니다. 처음 케네디 대통령이 이처럼 미국이 달에 최초로 유인 우주선을 보내겠다고 했을 때 많은 사람들은 그런 꿈과 같은 일에 쓸데없이 많은 예산을 쓰는 것은 낭비라고 생각했습니다. 불가능한 일에 무모하게 도전한다고 생각했기 때문입니다.

하지만 케네디 대통령은 아폴로 계획을 미국의 미래를 위한 위대한 걸음으로 생각하고 이를 적극적으로 추진했습니다. 1962년 9월 12일 달 착륙 프로젝트를 위한 NASA 시설을 휴스턴에 설립하면서 라이스 대학에서 행한 연설은 오늘날에도 명연설로 남아 있습니다.

"우리는 달에 가기로 결정했습니다. 그것이 쉽기 때문이 아니라 어렵기 때문에 결정한 것입니다. 이것은 우리의 모든 역량과 기술을 한데 모아 가늠해 보는 일이 될 것입니다. 이 도전이야말로 우리가 하고자 하는 것이며, 더 이상 미룰 수 없는 것이고,

우리의 승리가 될 것이기 때문입니다."

10년 안에 인간을 달에 보내겠다는 케네디 대통령의 꿈은 1969년 7월 20일 아폴로 11호가 달에 착륙하면서 이루어졌습니다. 전 세계인이 텔레비전으로 지켜보는 가운데 인류 최초로 달에 첫걸음을 내딛게 된 아폴로 11호 선장 닐 암스트롱은 "이것은 한 인간에게는 작은 한 걸음이지만 인류에게는 위대한 도약이다"라는 명언을 남기게 됩니다.

처음에는 꿈과 같은 이야기였지만 개척정신으로 이를 성취해낸 미국의 저력은 미국이 20세기 국제질서에서 초강대국으로 등장하는 데 든든한 기반이 되었습니다. NASA가 개발한 기술들은 미국이 20세기 후반 세계 최첨단 기술을 석권하는데 결정적인 영향력을 발휘하게 됩니다. 21세기 디지털 혁명과 인공지능 시대를 가능하게 해준 정보 통신 기술과 컴퓨터 기술은 말할 것도 없고 NASA가 달 탐사를 비롯해 우주개발을 통해 이룩한 기술은 우리의 일상생활 곳곳에 그 흔적을 남기고 있습니다.

우리들이 오늘날에도 일반적으로 많이 사용하고 있는 기술 15개를 소개하면 다음과 같습니다.

1. 우주에서는 컴퓨터를 통신과 연결하여 이동 가능하게 해야 합니다. 그래서 우리가 쓰고 있는 노트북 컴퓨터가 이 기술을 통해 가능하게 되었습니다.

2. 우주에서 안전하게 마실 수 있는 물을 만들어야 합니다. 이 기술로 요즘 가정에서 사용하는 정수기를 만들게 되었습니다.

3. 우주에서는 촬영을 위해서 가볍고 전기를 적게 쓰는 카메라 기술이 필요한데 이 기술개발로 오늘 우리가 스마트폰에 내장되어 사용하는 카메라가 가능하게 되었습니다.

4. 우주 공간에서 활동하기 위해서는 로봇의 도움이 필요한데 이를 위해 개발된 인공 근육과 관절 시스템에 대한 기술이 다양한 로봇 개발에 활용되고 있습니다.

5. 우주비행사들의 식사를 위해 개발된 기술들이 우리가 일

상생활에서 많이 활용되고 있습니다. 가루로 만든 우유인 분유와 인스턴트 커피의 기술은 물만 타면 원래 우유와 커피와 같은 상태로 돌아오게 하는 우주항공식 기술입니다.

6. 안경에 흠집이 나지 않게 하는 기술은 우주비행사의 우주복이나 헬멧 등이 손상되지 않도록 만든 기술에서 발전된 것입니다.

7. 우리가 많이 먹는 라면을 만들 때 활용되는 냉동건조기법은 우주항공식을 위해 개발된 기술입니다. 라면뿐 아니라 다양한 식품들이 냉동건조기법을 통해 편리하게 유통되어 우리의 식탁위에 오르고 있습니다. 냉동건조기법은 원래 영양분을 98%까지 함유할 수 있도록 손상없이 식품을 재생하는 기술입니다.

8. 침대 등에서 많이 쓰는 충격흡수 메모리 폼도 NASA에서 개발된 기술입니다.

9. 무선 헤드폰도 우주비행사가 착용하여 활용할 수 있도록 개발된 기술로 만들어진 것입니다.

10. 화물트럭의 적재함에도 NASA의 유체역학 기술이 들어가 게 되어 효율성을 크게 높이게 되었습니다.

11. 우리가 재생에너지로 널리 쓰는 태양광 전지 패널은 모두 NASA가 우주선 개발을 위해 만든 기술로 이루어져 있습 니다.

12. 소방관들이 사용하는 가볍고 열을 차단하는 소방복 등 장비들도 모두 우주개발 기술을 활용하고 있습니다.

13. 장거리 마라톤 선수들이 몸의 체온을 유지하기 위해 사 용하는 비상용 알루미늄 담요도 극한환경인 우주공간 에서 보온과 단열을 위해 개발된 기술입니다.

14. 통증을 완화하고 혈액순환을 촉진하는 의료용 장비에 활용되는 적색 LED 램프도 원래는 우주에서 식물을 재배 하기 위해 개발된 기술입니다.

15. 해저 탐사선에 활용되는 심해 탐사로봇도 NASA에서 개 발된 기술입니다.

이처럼 NASA의 우주항공 탐사를 위해 개발된 기술들이 민간의 다양한 산업에서 활용되고 있습니다.

1961년부터 1972년까지 추진된 꿈의 프로젝트인 아폴로 계획에는 연인원 40만 명의 기술진과 관련 인력이 투입되었습니다. 이처럼 불가능한 일을 가능하게 만들기 위해서는 많은 사람들의 노력과 헌신이 필요합니다. 그 과정에서 참여하는 모든 사람들이 자신의 능력을 최고로 발휘하고 이 능력이 한데 모여 집단지성을 만들어낼 때 꿈은 이루어질 수 있습니다. 더 나아가 기존의 지식만으로는 해결할 수 없는 한계에 봉착할 때 끝없는 상상력과 도전정신으로 헤쳐나가야 꿈꾸는 계획은 성공에 한 발 다가서게 됩니다.

우리 역시 아폴로 계획과 같이 꿈과 같은 미래형 대학의 설립이 차근차근 추진되었고 마침내 2023년 4월 20일 교육부로부터 대학설립 인가를 받아 9월 1일 제 1기 신입생들의 수업이 시작되면서 태재대학교는 대학교육의 미래를 위한 장대한 여정의 첫 발을 내딛게 되었습니다.

　총 17호에 걸친 아폴로 계획의 추진 과정에서도 많은 우여곡절이 있었던 것처럼 태재대학교의 대학 혁신의 여정에도 많은 도전과 시련이 있을 것입니다. 하지만 상상력과 개척정신으로 무장하면 이러한 난관은 쉽게 극복될 것입니다.

　태재대학교는 미래대학교육의 혁신을 추진하는 과정에서 더 나은 방향과 구체적인 방법이 제기된다면 계획을 수정하는데 주저하지 않을 것입니다. 예를 들어 글로벌 경험학습 프로그램을 위해 미국, 중국, 일본, 러시아를 한 학기씩 체류하며 현장체험 학습을 하기로 한 원래 계획도 미국과 중국에서는 한 학기가 아니라 두 학기씩 확장하려고 합니다. 학생들이 미국과 중국에서 더 많은 현장체험을 하는 것이 필요하다는 판단에 원래 계획을 수정한 발전적 방안을 고려하게 되었습니다.

　세계 최첨단산업의 본거지인 미국 실리콘밸리의 서부와 뉴욕 및 워싱턴 D.C.와 같이 세계 정치 경제의 중심지인 동부에서 각 한 학기씩 체류하고 중국도 첨단산업 기지인 홍콩인근의 선전과 수도 북경에서 각 한 학기씩 체류하는 방안을 추진하고 있습니다. 각국에서 비자 취득 여건과 협정교와 협력 방안에 따라 학생들을 위한 최적의 대안은 끊임없이 개발되고 추진될 것입니다.

2023년 ChatGPT의 등장으로 전개되는 AI 시대의 빠른 변화에 태재대학교는 AI 활용을 넘어서 AI가 강화된 AI 내재형 교육으로 대응할 것입니다. 태재대학교의 교육내용과 교육방식에서 AI가 적극적으로 활용될 것입니다. 조지아공대가 활용하고 있는 Jill Watson과 같은 AI 교육조교, 자기주도적 학습에서 AI 지원, 모든 교과목에 다양한 AI 지원 활동 등이 새롭게 반영될 것입니다.

2027년까지 태재대학교는 절반 이상의 교과목을 융합형 교과목으로 개발할 것입니다. 분절화된 지식을 전공별로 가르치는 것이 아니라 서로 다른 전공이 실질적으로 융합되어 이해될 수 있는 교과목으로 개발하려는 것입니다. 올린공대의 사례를 보면 신소재공학과와 역사학과가 함께 개발한 교과목으로 '역사속의 물질'이라는 과목이 있습니다. 전통적인 대학에서는 융합전공이라고 하면 신소재공학과에서 여러 과목의 전공 강의를 수강하고 역사학과에서는 역사전공 과목을 학생들이 개별적으로 수강하여 나름대로 융합적 사고를 키우라고 합니다.

하지만 진정한 융합전공의 개념은 이와 다르게 접근되어야 합니다. 예를 들어 나일론, 플라스틱 등이 역사적으로 개발되는 과정에서 어떤 이론적, 실험적 난제들이 있었고 왜 이런 물질들이 개발되게 되었는지, 이런 물질이 개발되어 인류역사에는 어떤 영향을 미치게 되었는지 등 물질의 역사를 융합적인 관점에서 배우고 미래의 과제를 풀어내는 것입니다.

NASA의 우주선 개발 기술이 20세기 후반 인류에게 다양한 기술을 선사해준 것처럼 태재대학교가 추진하는 여러가지 교육방식들은 미래교육에 커다란 변화를 안겨줄 것입니다. 태재대학교의 학생 개개인 맞춤형 교육, 능동학습, Engageli 플랫폼을 통한 온라인 교육, 메타버스 캠퍼스, 역량평가 시스템, 자기주도 학습, 문제해결 프로젝트와 토론식 수업, 글로벌 현장학습, 교육용 비디오 콘텐츠 등에서 개발되고 축적되는 다양한 교육내용과 새로운 방식의 기술들은 기존의 교육 패러다임을 획기적으로 변화시킬 것입니다. 태재대학교가 추진하는 대학교육의 혁신은 대전환의 출발점이 될 것이며, 이를 통해 우리 인류의 미래 문제를 해결하는 "The Next Answer!"로서 미래 교육혁명을 선도할 것입니다.

세상에 이로운
글로벌 리더를
배출할 대학,
태재대학교

우리가 꿈꾸는 대학, 태재

초판 1쇄 발행 2024년 7월 5일
초판 2쇄 발행 2024년 8월 26일

지은이 염재호
펴낸이 김옥희
펴낸곳 애플트리태일즈
출판등록 2004년 8월 5일 제16-3393호
주소 서울시 강남구 테헤란로 201, 501호
전화 (02) 557-2031
팩스 (02) 557-2032
홈페이지 www.appletreetales.com
블로그 http://blog.naver.com/appletales
페이스북 https://www.facebook.com/appletales
트위터 https://twitter.com/appletales1
인스타그램 @appletreetales
            @애플트리태일즈

ISBN 979-11-92058-38-2 (03370)